6 COMPETÊNCIAS PARA SURFAR NA TRANSFORMAÇÃO DIGITAL

ANDREA IORIO

6 COMPETÊNCIAS PARA SURFAR NA TRANSFORMAÇÃO DIGITAL

Prefácio de
MARTHA GABRIEL

Planeta ESTRATÉGIA

Copyright © Andrea Iorio, 2019
Copyright © Editora Planeta do Brasil, 2019
Todos os direitos reservados.

Edição de texto: Gabriela Abreu
Preparação: Julian Guilherme F. Guimarães
Revisão: Diego Franco Gonçales e Karina Barbosa dos Santos
Diagramação: Vivian Oliveira
Capa: Tereza Bettinardi

Dados Internacionais de Catalogação na Publicação (CIP)
Angélica Ilacqua CRB-8/7057

Iorio, Andrea
     6 competências para surfar na transformação digital / Andrea Iorio -- São Paulo : Planeta do Brasil, 2019.
     208 p.

ISBN: 978-85-422-1717-9

1. Não ficção 2. Sucesso nos negócios 3. Competências essenciais 4. Recursos humanos 5. Tecnologia da informação - Administração 6. Inovações tecnológicas I. Título II. Gabriel, Martha

19-1538   CDD 650.1

Índices para catálogo sistemático:
1. Não ficção: Negócios

2019
Todos os direitos desta edição reservados à
EDITORA PLANETA DO BRASIL LTDA.
Rua Bela Cintra 986, 4º andar – Consolação
São Paulo – SP CEP 01415-002
www.planetadelivros.com.br
faleconosco@editoraplaneta.com.br

O analfabeto do século XXI não será aquele que
não consegue ler e escrever, mas aquele que
não consegue aprender, desaprender e reaprender.

Alvin Toffler, escritor e futurista

Prefácio

Uma das sensações mais fascinantes da vida é conhecer algo novo e nos encantar com a descoberta – sejam lugares, sabores, saberes ou pessoas. Nos momentos em que experimentamos esses privilégios da existência, somos presenteados. E foi assim que, em 2018, conheci Andrea: no palco do RD On the Road, em Bogotá, palestrando sobre transformação digital, usando o conceito de *metanoia* de maneira surpreendente e, assim, distanciando-se da vala comum das apresentações nos eventos de negócios – ao pontuar, com um conceito milenar grego, a essencial necessidade de mudança de mentalidade na devastadora e disruptiva realidade tecnológica atual.

Indubitavelmente, a transformação digital é hoje a necessidade primordial de qualquer negócio, instituição ou pessoa – tanto para alcançar sucesso quanto para sobreviver à reestruturação que as tecnologias digitais estão causando no planeta. No entanto, apesar de a revolução digital ser causada pela tecnologia, é necessário dominar muito mais do que ferramentas e habilidades tecnológicas para navegar nas suas ondas e chegar mais longe: o segredo do profissional e das instituições do futuro está nas habilidades humanas e em como amplificá-las com as tecnologias emergentes. Um release recente do Gartner aponta que apenas 20% dos colaboradores das organizações estão preparados para fazer a transformação digital do negócio ou alavancar a sua própria carreira profissional. Nesse contexto, este livro é essencial para aqueles que estão envolvidos em qualquer processo de transformação digital, pois ele foca na mola-mestra por trás de qualquer revolução: o ser humano.

Os capítulos se sucedem levando o leitor a navegar nos inúmeros pilares fundamentais que transformam um DNA em digital: inovação e pessoas, estabelecendo uma cultura que fomente a flexibilidade cognitiva, o pensamento crítico e se baseie em conhecimento do comportamento humano e crescimento sustentável. Além do olhar lúcido e detalhado, centrado no papel humano na revolução digital, o tempero que diferencia esta obra de qualquer outra é a enorme experiência do autor, que dialoga com os temas de forma natural, trazendo exemplos de sua vida, facilitando e ilustrando a compreensão de conceitos, atitudes e cenários. Nesse sentido, este livro é também uma viagem reveladora do mundo atual por meio da jornada de um jovem executivo que já viveu em diversos países no planeta e que tem atuado profissionalmente para potencializar o DNA digital no amplo espectro que vai de startups emergentes a grandes corporações tradicionais.

Um dos aspectos intrínsecos do avanço tecnológico que forma o tecido da nossa era atual é a complexidade – quanto mais atores no ambiente (tecnologias, coisas e pessoas) e conexões entre eles, mais complexo o mundo fica. Destaco especialmente o capítulo 4, que discute o pensamento crítico. Tenho defendido de maneira enfática que o pensamento crítico é a principal habilidade humana que nos prepara para o futuro, independentemente de como ele venha – digital ou por qualquer outra forma. Sem pensamento crítico, nenhuma outra habilidade é eficiente em enfrentar mudanças. Nessa linha de reflexão, Andrea resgata, de forma deliciosa ao longo do texto, a capacidade superior que uma criança possui para pensar criticamente quando comparada com os atuais níveis de pensamento das tecnologias de Inteligência Artificial.

Entre as inúmeras discussões e os conceitos apresentados neste livro – todos essenciais para a transformação digital –, um dos pontos altos é ver o altruísmo digital elencado entre eles. Com a digitalização, a automatização, o aumento de eficiência, a diminuição de custos e diversas outras possibilidades tecnológicas que tendem a gerar vários níveis de substituição de atividades humanas por máquinas (Inteligência Artificial e robôs), se não nos preocuparmos uns com os outros – com a dimensão humana dessas transformações –, estaremos nos perdendo como humanidade. Costumo dizer que aquilo que nos torna melhores como sociedade é como tratamos os indivíduos menos favorecidos entre nós – se não resgatamos aqueles que possuem menos condições, não nos diferenciamos de animais irracionais ou de vidas apenas funcionais. Por isso, as discussões que o autor traz sobre altruísmo na era digital talvez estejam entre os fatores que a tornam mais humana e necessária.

Assim, ao ler este livro, você será conduzido para uma transformação muito além do digital, com a leveza Zen, acompanhada pelo imprescindível rigor dos dados – o melhor caminho possível para criar o futuro.

Martha Gabriel
Maio de 2019

Sumário

INTRODUÇÃO 15
    A Revolução 4.0 23
    O mercado de trabalho na transformação digital 25
    Competências humanas na era digital 28
    E para quem quer seguir esse caminho?........................... 30

CAPÍTULO 1 – FLEXIBILIDADE COGNITIVA....................... 37
    1.1 O sofrimento como agente de mudanças 41
    1.2 Ensine seu cérebro a ter jogo de cintura 43
    1.3 Ensino tradicional *vs.* escolas do futuro........................ 46
    1.4 Neuroplasticidade: por que a rotina é contraproducente.......... 48
    1.5 Faça um favor ao mundo: ensine seu filho a acreditar na mudança 50
    1.6 Cultura ágil = cultura flexível 51
    1.7 Flexibilize a própria empresa 53
    1.8 Formando times com flexibilidade cognitiva..................... 56

CAPÍTULO 2 – EXECUÇÃO INOVADORA 59
    2.1 Efeito de exposição e familiaridade nos negócios 66
    2.2 Inovar não significa inventar algo novo......................... 68
    2.3 O que é inovação na Revolução 4.0, então? 70
    2.4 A desvantagem do pioneiro 72

2.5 A inovação não está na ideia, mas sim na execução 75
2.6 Como levar a execução inovadora para sua empresa? 78
2.7 Inovação e transformação digital: qual a relação? 81
2.8 Executar a transformação digital em empresas tradicionais 82
2.9 Execução inovadora nasce no departamento de RH 84

CAPÍTULO 3 – ESPECIALISTA EM COMPORTAMENTO HUMANO ..85
   3.1 Tinder: responsável ou consequência da mudança
   nas relações?..90
   3.2 As grandes empresas de tecnologia são especialistas
   em comportamento humano 95
   3.3 O consumidor ao centro da transformação digital................ 97
   3.4 Geração Z: a geração da verdade................................. 99
   3.5 Seus clientes fiéis sabem mais sobre seu negócio do que você ... 101
   3.6 Traga essa competência para dentro da sua empresa 104

CAPÍTULO 4 – PENSAMENTO CRÍTICO..........................107
   4.1 O pensamento crítico é um pensamento lento 112
   4.2 Tinder: o pensamento crítico na prática 114
   4.3 O método socrático para desafiar o status quo.................. 117
   4.4 As perguntas de que seu negócio precisa....................... 119
   4.5 Como desafiar o status quo nos negócios?...................... 121
   4.6 Os 2 maiores inimigos do pensamento crítico................... 125

CAPÍTULO 5 – CRESCIMENTO SUSTENTÁVEL.....................131
   5.1 A Revolução Digital não é um jogo soma zero................... 138
   5.2 Novos modelos de negócio no mundo 4.0: colaboração
   e compartilhamento... 141
   5.3 Obsessão por métricas e dados 143
   5.4 Como desenvolver um negócio pensando em crescimento
   sustentável? 145
   5.5 Tinder: crescimento sustentável em cinco anos 146
   5.6 As 3 chaves do marketing invisível 149
   5.7 O impacto dos novos modelos nos trabalhadores 153

CAPÍTULO 6 – ALTRUÍSMO DIGITAL..............................155
   6.1 Uma antiga história de colaboração............................159
   6.2 Uma nova história de solidão..................................161
   6.3 O modelo de negócio hoje não é mais B2B ou B2C..............163
   6.4 Inteligência emocional como vantagem competitiva
   do ser humano..165
   6.5 Altruísmo digital dentro da empresa..........................169
   6.6 A tecnologia e sua contribuição para a sociedade...............172
   6.7 O propósito ao centro do negócio..............................174

CAPÍTULO 7 – O QUE NOS AGUARDA...........................179
   7.1 A crise de significado do que é ser humano....................183
   7.2 Gestando um novo mundo......................................185
   7.3 A Quinta Revolução Industrial.................................187
   7.4 Um novo pacto social para o mundo que está por vir............190

CONCLUSÃO...193

AGRADECIMENTOS...201

INTRODUÇÃO

Era uma sala de aula em Savona, cidade com cerca de 60 mil habitantes no norte da Itália. Numa manhã invernal do país que foi o berço do Renascimento, a tradição italiana em matérias humanas me levava a uma sala de aula, carregando um pesado dicionário de grego antigo. Carteiras enfileiradas e um quadro negro esperavam alunos de aproximadamente 16 anos para se dedicarem ao terceiro ano do *Liceo Classico*, onde estudariam Filosofia, Literatura, Latim, Grego Antigo e História da Arte, entre outras disciplinas, enquanto se preparavam para a universidade.

Parece distante, mas eram apenas os primeiros anos da década de 2000. Naquela altura, o mundo tinha acabado de "sobreviver" ao Bug do Milênio e estava em meio à primeira onda de crescimento de negócios da internet. Empresas puramente digitais como Amazon e Google tinham poucos anos de vida, e uma plataforma disruptiva como o Facebook estava prestes a ser lançada a partir de um dormitório de Harvard. Digitalizar. Essa era a preocupação de muitos estudiosos que previam o futuro à época: como seria transformar o analógico? Quando tudo se tornaria digital?

Essa não era a preocupação da minha professora, que devia ter mais ou menos 70 anos, costumava fumar tranquilamente seus cigarros em plena sala de aula e escondia a idade com uma maquiagem carregada. Naquela manhã, voltamos à origem de quase todos os idiomas, e nos dedicamos a traduzir um texto do grego antigo. Entre as letras pequenas e embaralhadas de outro idioma em um tempo que corria lento, uma me encontrou: *metanoia*. Também utilizada com um tom de conversão religiosa ou mesmo na psicologia para definir um processo de reforma da mente, aquela palavra era um convite para abraçar a mudança do mundo, para entender o significado profundo de desenvolvimento humano, que é um verdadeiro processo de transformação constante.

> *Metanoia* (do grego antigo, μετανοεῖν):
> ato de mudar radicalmente o próprio
> pensamento, a própria ideia.
> Pensar diferente.

Pulo para 2011. Estou em São Paulo, cidade mais populosa do Brasil e capital econômica e financeira da América Latina. Antes, vivi na Itália, no Egito, nos Estados Unidos e passei longos períodos na China, no Marrocos, em El Salvador e Israel. Cheguei ao Brasil com duas malas na mão, mas sem casa nem emprego depois de concluir meu mestrado em Relações Internacionais em uma das principais universidades americanas da área, a Johns Hopkins, em Washington D.C. Lá prevíamos que o Brasil, juntamente com os outros países dos BRICs, seria uma das mais novas potências mundiais e apostei nessa ficha. Na economia também desenhamos nosso futuro.

O que eu não desenhei foi que minha passagem no Brasil me levaria a áreas que não conhecia, como trabalhar como gerente comercial do Groupon, multinacional que popularizou o modelo de compra coletiva, depois de dar *match* em uma vaga disponível no LinkedIn. Isso me levou a novas residências no mapa: Belo Horizonte, Curitiba, Salvador. Poderia imaginar menos ainda que, anos depois, assumiria a área de Novos Negócios de uma empresa americana que ajudaria a construir no dicionário brasileiro informal um novo termo:

> **Tinderização: neologismo brasileiro inspirado no aplicativo Tinder que indica modelos de negócio digital baseados na criação de ligação entre pessoas com gostos e interesses em comum.**

Foram noites e noites colando adesivos do Tinder nas ruas da zona sul do Rio de Janeiro, distribuindo brindes em festas universitárias pelo país, criando possibilidades para que aquele aplicativo recém-lançado pelo grupo Match.com desse certo. Até que a Copa do Mundo chegou ao país mais sociável do planeta.

O uso do aplicativo por gringos e gringas já adeptos ao Tinder foi o ponto de virada para que ele se tornasse uma febre. Em um mês, o Brasil superou a Austrália e assumiu a posição de terceiro maior mercado do mundo, atrás apenas dos Estados Unidos e do Reino Unido. O número de downloads e o tempo gasto na plataforma aumentou em 50%, surpreendendo toda a equipe em um cenário que parecia o ideal: com uma verba mínima, foi alcançado um engajamento altíssimo. Os *matches*, por sua vez, aumentaram ainda mais, possibilitados por um fato: um novo encontro de culturas.

Liderar o Tinder numa época em que ele – todos os meses e por todo o mundo – registrava crescimento exponencial me possibilitou assistir de camarote às mudanças que o cenário digital trouxe para as relações e para a sociedade como um todo. O aplicativo não foi o precursor do movimento de sites de relacionamento – os primeiros relatos de namoros virtuais datam de 2004, quando já aconteciam mudanças também nas dinâmicas familiares e aumento do número de solteiros no mundo. Mas a sua tecnologia foi capaz de catalisar mudanças estruturais na sociedade. Um estudo conjunto de J. Ortega, da Universidade de Essex, e P. Hergovich, da Universidade de Viena, publicado em 2017, mostrou que aplicativos de paquera aumentaram exponencialmente o número de casamentos inter-raciais. As pessoas estariam, então, mais dispostas a saírem das bolhas em que estão organizadas há milênios para se conectarem umas às outras. E não são apenas relacionamentos amorosos. Há pouco mais de uma década, um ser humano comum era capaz de acumular convívio e relacionamento com cerca de 150 pessoas durante a sua vida. Hoje, quantos são os amigos virtuais que você acumula?

> **Transformar (do latim, *transformare*): fazer mudar de forma, de aspecto.**
>
> **Digital (do latim, *digitus*): referente ou semelhante aos dedos da mão, da espessura ou comprimento de um dedo.**

O historiador Yuval Harari, autor dos livros *Sapiens*, *Homo Deus* e *21 lições para o século XXI*, acredita que estamos entre as últimas gerações de *Homo sapiens* na Terra, pois falta muito pouco para programarmos nossos corpos e nossos cérebros. Será que algo do tipo já não está acontecendo?

> Você resolve fazer uma corrida por um bairro de sua cidade. O celular guardado no bolso. Os aplicativos presentes nele rodam no background contando seus passos, registrando sua geolocalização e emitindo informações e dados seus para a rede. Eles sabem

> sua performance, quem está por perto e quais estabelecimentos gostariam de te enviar publicidade. Você estava off-line ou on-line?
>
> Você vai para a cama descansar depois de um dia de muito trabalho. Deita com seu smartwatch no pulso, que registra a qualidade e o tempo do seu sono o tempo todo. Logo de manhã, ao acordar, você tem todos os dados registrados num app no seu celular. Você estava on-line ou off-line?
>
> Você deseja se entregar ao show da sua banda preferida. Com corpo e alma presentes, você não tira o celular do bolso nem mesmo para participar da chuva de lanternas no ponto alto do evento. Mas um desconhecido atrás de você faz um stories e registra a sua presença. Amigos reconhecem você e logo sabem onde está. Você estava on-line ou off-line?

"Transformação digital": essa expressão começou a ser citada esporadicamente em artigos acadêmicos do final da década de 1990. Preocupava futuristas. Ocupava o pensamento de quem via pilhas de papel em bancos, instituições públicas, grandes empresas. Estava na realidade de quem via processos se informatizando ao longo das últimas três décadas. Deixava os executivos de grandes empresas em alerta.

Na brincadeira de prever o futuro, poucos imaginavam que seria uma transformação muito mais profunda do que apenas tornar digital o que era analógico. Era um caminho sem volta. Que sorte a nossa.

Em 2015, pela primeira vez, o Fórum Econômico Mundial publicou um relatório sobre o impacto da transformação digital nas empresas, espalhando o termo pelo mundo todo. Um pouquinho antes disso, em 2008, o mercado já utilizava um acrônimo militar: VUCA (*Volatile, Uncertain, Complex, Ambiguous*), criado para um relatório do exército americano que explicava como o mundo pós-Guerra Fria tornara-se multilateral. Ele tentava descrever um cenário que o mundo dos negócios passou a presumir: em português, *volátil, incerto, complexo, ambíguo*.

Volátil por causa do aumento brutal, em quatro dimensões, das transformações atuais: tipo, velocidade, volume e escala.
Incerto porque, como resultado da volatilidade, fica mais difícil prever eventos.
Complexo porque falta conexão clara entre causa e efeito nos novos negócios.
Ambíguo porque existem múltiplos significados nas condições que nos rodeiam.

Nesse cenário, a nova economia – impulsionada especialmente pela tecnologia – gerou novos modelos de negócio (como os hoje onipresentes Uber e Airbnb, que disputam mercado com táxis e hotéis) e provocou mudanças na cultura (economia compartilhada, *human economy*, *gig economy*, entre outros) e na hierarquia das empresas (gestão horizontal, cocriação, holocracia, liderança criativa, entre outros). Não demorou muito tempo para percebermos que, diante do VUCA, seria necessário mudar a forma de atuação nos negócios e na vida que conhecíamos até então.

Ainda hoje a incerteza é tão grande que um estudo realizado em 2018 pela consultoria McKinsey sobre transformação digital aponta que mais de 8 em 10 entrevistados realizaram esforços de digitalização em suas empresas nos últimos cinco anos, mas menos de um terço delas conseguiu ter sucesso em melhorar o desempenho e sustentar esses ganhos. As tentativas e os erros desenham os primeiros campos de acerto nessa área e possibilitam insights de como lidar com essa mudança. A transformação digital é como uma onda gigante que nos encontra de frente e não dá chance de fugir.

E você, sabe surfá-la?

A Revolução 4.0

A cada novo tipo de tecnologia capaz de romper e modificar radicalmente os padrões de trabalho e, com isso, a forma como vivemos e nos relacionamos enquanto sociedade, marca-se uma revolução.

A primeira vez que isso aconteceu foi quando as máquinas a vapor e a locomotiva deram velocidade para a produção industrial na Inglaterra do século XIX, acelerando a instalação do capitalismo pelo mundo. Tudo começou com a descoberta do carvão como fonte de energia, fator crucial para o desenvolvimento dessas máquinas. Elas, por sua vez, dinamizaram o transporte de matéria-prima e de pessoas, bem como a distribuição de mercadorias. Começamos a falar então de produtividade e a indústria se tornou uma alternativa real de trabalho, levando muitas pessoas do campo para a cidade.

A indústria têxtil foi a primeira a se transformar, automatizando uma produção que até o momento era completamente artesanal. Com o tempo, percebemos que praticamente todas as indústrias e todos os países poderiam se beneficiar das novas tecnologias para que tivessem mais lucro. E começamos a desenhar uma nova onda tecnológica.

Próximo a 1870, quando a Revolução Industrial já tinha alcançado países como a França, Bélgica, Holanda, Rússia, Alemanha e Estados Unidos, começamos a alcançar novos avanços em tecnologia: o uso da energia elétrica, o motor a explosão, os corantes sintéticos, a produção do aço e do alumínio em grande escala e a invenção do telégrafo marcaram o começo da Revolução 2.0. A eletricidade nas linhas de produção possibilitou o surgimento das esteiras de montagem em uma fase mais conhecida pela busca da produtividade, guiada por Henry Ford e Frederick Taylor. Com eles, começamos a falar sobre gestão, padronização e simplificação, e também sobre produção em massa para atender um consumo em massa. Ali, a grande transformação atingiu a indústria automobilística em cheio, bem como a indústria bélica. Já estávamos em guerra.

Com lucros mais altos, maior controle sobre as finanças e processos mais dinâmicos entre a obtenção de matérias-primas e a venda dos produtos, foi possível pensar em uma aceleração da economia em nível mundial. Estados Unidos, Alemanha, Japão e França eram os líderes globais de tecnologia. Chegamos então a 1970, introduzimos o termo "inovação" no vocabulário industrial e registramos o início da Revolução 3.0, também conhecida como Técnico-Científica e Informacional. Ela é impulsionada por avanços na eletrônica, robótica, informática, biotecnologia, química fina, nanotecnologia e pelos satélites de comunicação. Ocorre a descentralização industrial e a expansão das multinacionais, ancoradas pelas novas tecnologias de comunicação e transporte, dando início à globalização. O modelo taylorista é então substituído pelo toyotista (nascido nas fábricas da Toyota no Japão, a partir de 1945), em que a produção é flexibilizada de acordo com a demanda, exigindo uma tecnologia melhor e uma quantidade menor e mais bem capacitada de trabalhadores. Novamente, as relações de trabalho são transformadas.

Passa-se um intervalo de tempo ainda menor – algumas dezenas de anos – e podemos explorar a potência máxima da ocupação urbana, a redução da mão de obra no campo e a substituição de algumas profissões por máquinas – como, por exemplo, os caixas bancários. A aproximação da Revolução 4.0 começa, então, a entregar seus ares de modernidade. No entanto, suscita debates sem precedentes sobre o futuro do trabalho.

Assume-se como Revolução 4.0 esse período de mudanças em que não há mais barreiras separando o mundo digital do real, possibilitando o uso de todo um sistema de informação por meio de uma rede de dispositivos. As tecnologias da vez são a Inteligência Artificial (potencializada pelo Big Data), Realidade Aumentada, Internet das Coisas e robôs autônomos, entre outras. Há, então, um aumento da interconectividade, a automatização dos processos de produção e uma mudança na percepção do produto: ele deixa de ser passivo para se tornar ativo da sua produção. Ou seja, é capaz de identificar quando há falhas ou necessidade de manutenção para sua própria gestão e qual o seu papel nos processos de negócios da sua empresa. É por isso que um estudo lançado em 2017 pela consultoria global PwC estima que, até 2030, 4 de cada 10 empregos nos Estados Unidos serão substituídos por robôs, seja por meio da automação ou da Inteligência Artificial.

E onde fica a pessoa quando a máquina é capaz de fazer o seu trabalho? Antes que o pânico tome conta, queria compartilhar que é por aqui que começamos nosso percurso pelas 6 competências necessárias para a transformação digital. Não trago soluções para empresas temerosas com a revolução. Empresas são entidades jurídicas que não existem além do que consta no papel e, cada vez mais, estarão vulneráveis e distantes do que se propuseram a fazer. O mundo está volátil. O que existe são as pessoas por trás dessas empresas, que acreditam no seu propósito e se movimentam em direção a alcançá-lo, abraçando toda a incerteza do cenário atual em que vivemos. E é para essas pessoas que eu desejo falar agora.

Bem-vindas.
Bem-vindos.
Bem-vindxs.

O mercado de trabalho na transformação digital

Em 2018, durante o CONARH – maior congresso de recursos humanos do Brasil –, palestrei para os principais diretores de RH e presidentes de empresas brasileiras sobre como aconteceria o reposicionamento dos trabalhos qualificados ao longo das próximas décadas. Isto é, o que poderá ser feito pelas máquinas e o que sempre será de responsabilidade humana. Apresentei ali um estudo divulgado durante o Fórum Econômico Mundial daquele mesmo ano, em Tianjin (China), que estima que a automação e a robótica criarão 58 milhões de empregos até 2025. O número é resultado de uma conta que prevê a supressão de 75 milhões de postos de trabalho em áreas como serviços postais, secretariado e de embalagens, enquanto outros 133 milhões de novos empregos deverão aparecer graças à revolução digital. O levantamento foi feito com 300 empresas multinacionais presentes em 20 países, que reúnem hoje mais de 15 milhões de empregados. Esse estudo reforça a minha crença: não acredito no fim do trabalho. Isso não muda o fato de que ele irá mudar de forma radical.

Acredito na transformação. O cargo de Chief Digital Officer que vim a ocupar na diretoria da divisão de Produtos Profissionais da L'Oréal Brasil, por exemplo, não existia há pouco mais de cinco anos. E, se tudo der certo, ele não existirá mais. O de CDO é um cargo que começou a permear as vagas das grandes organizações há menos de cinco anos com as variações Head of Digital Transformation, Director of Digital Transformation, Digital Director, entre outras. Basicamente, são cargos que representam a liderança de transformação digital de qualquer empresa.

O Chief Digital Officer reúne as responsabilidades de inovação que até então estavam segmentadas em cargos como CIO (Chief Information Officer) ou CTO (Chief Technology Officer). Estes últimos cargos não deixaram de existir – cada um deles continua tendo sua função essencial nas organizações. Porém, o líder da transformação digital tem sob sua responsabilidade reuni-los em torno dos processos de digitalização do negócio com o objetivo de fazer o negócio como um todo se tornar digital. Uma vez que essa tarefa seja cumprida, a transição não será mais necessária.

Um cenário como esse, que viveremos em breve nas relações de trabalho e na relação com as máquinas, deve nos fazer repensar nosso papel de seres humanos e também de trabalhadores. Estamos falando sobre um surgimento exponencial de novos empregos, mas, sobretudo, de novas competências necessárias para sermos bem-sucedidos no mundo de negócios.

Quando estava próximo de completar cinco anos no Tinder, me deparei com um estudo global de 2018 da Deloitte sobre as tendências no mercado de trabalho. Fiquei impressionado com as expectativas das gerações mais novas sobre suas carreiras: 43% dos millennials preveem deixar o próprio emprego em até dois anos, e apenas 28% pretende ficar mais de cinco anos no mesmo emprego. Para a Geração Z – os nascidos a partir do fim dos anos 1990 – o número é ainda mais alto: 61% preveem deixar o emprego nesse prazo.

Não pude deixar de questionar se meu ciclo no Tinder não estaria, então, próximo ao fim – o que de fato aconteceu quando fui para a L'Oréal –, mas também se aquilo já não seria um sinal dessa mudança que aguardamos para o mercado de trabalho. Afinal, esse mesmo mercado é um reflexo da mudança no mundo. O temor que permeia quem olha hoje para a frente e não enxerga mais a existência da própria profissão no futuro não é uma via de mão única. Há também, nessa dinâmica, o grande desafio de as empresas conseguirem conquistar os talentos certos para as novas empreitadas que ocorrerão em negócios do futuro.

As prioridades dos trabalhadores mudaram. O estudo da Deloitte aponta ainda que, mesmo valorizando a remuneração – que continua no topo dos fatores na análise de uma proposta de trabalho – e a cultura da empresa, os novos trabalhadores contemplam outros pontos cruciais para a escolha de um emprego, como a flexibilidade (de horários, de localidade, de tarefas, entre outros), as oportunidades de desenvolvimento (particularmente de *soft skills*, como a capacidade de se relacionar, a autoconfiança e a ética, por exemplo) e a diversidade (em todas as formas, para incentivar pensamento crítico e desestimular o "pensamento de grupo").

A remuneração e a cultura de uma empresa são fatores-chave para atração de talentos e hoje são temas já bem gerenciados pelas empresas. Não falamos deles como novidades, ainda que a cultura se apresente como um desafio para algumas organizações.

No entanto, temos ainda um longo caminho a percorrer quando falamos de flexibilidade, desenvolvimento e diversidade. É aqui que estão os desafios de quem quer ter em sua equipe os talentos do novo mercado de trabalho, e é onde as empresas precisam se adaptar.

Podemos até ser bons em fazer propostas atrativas para novos talentos, mas nem sempre temos um ambiente de trabalho pronto para retê-los.

Olhe ao seu redor. O ambiente favorece a inovação? É flexível? Tem diversidade? Incentiva o questionamento?

Esses são alguns dos principais fatores para o descolamento que existe entre as expectativas das novas gerações, nascidas no mundo digital, e as empresas tradicionais que ainda não se adaptaram. E isso é normal, porque é mais simples mudar a direção de uma bicicleta, que você conduz sozinho, do que a de um veleiro, que depende da coordenação de muitas pessoas.

E as pessoas? Somos uma espécie resistente à mudança. Nosso cérebro constrói caminhos neurais para nos manter sempre no mesmo padrão de comportamento para que a gente possa estar sempre bem, em segurança e com conforto. A neurociência nos explica que somos criaturas tendentes à inércia por uma razão bem científica: desenvolvemos hábitos para minimizar o gasto de energia de nossos cérebros. Assim, nos últimos séculos nos desenvolvemos de forma a automatizar grande parte das ações cotidianas, o que justifica nossas dificuldades relativas às mudanças de hábito, por exemplo. E, por isso, sempre tendemos a nos manter nas posições e aprendizados que já temos.

Acontece que o cenário da transformação digital impõe mudanças que não permitem nada estático, sejam empresas, pessoas ou sociedades. Tudo precisa se transformar. E particularmente nós, profissionais do mercado de trabalho, precisamos estar abertos a desaprender e a reaprender.

Competências humanas na era digital

Em sua última entrevista como CEO do Instagram, concedida ao *The New York Times* em 2018, Kevin Systrom teceu um comentário sobre as redes sociais que diz muito sobre o que esperamos do mundo digital que se apresenta: "Estamos em uma fase pré-newtoniana: sabemos que elas funcionam, mas não sabemos ainda *como* funcionam". Ele acrescentou: "Existem certas regras que as governam, e temos que fazer de nossa prioridade entender essas regras – se não, nós não poderemos controlá-las".

Esta é uma das poucas afirmações que podemos fazer em um cenário VUCA: o de que as coisas certamente não sairão como planejado e que ainda não temos clareza do que estamos de fato vivendo. Diante de tamanha instabilidade, há uma coisa que pode – e deve – ser feita: nos prepararmos para ela, desenvolvendo as competências necessárias para a adaptação a esse novo cenário.

Competência (do latim, *competere*): aptidão para cumprir uma tarefa ou função.

A primeira vez na história humana em que se falou sobre competências, estávamos iniciando a terceira Revolução Industrial. Foi nessa época, em estudos realizados nos Estados Unidos, que psicólogos e administradores se juntaram na busca por compreender o conjunto de características e traços presentes em pessoas com performance superior. As competências seriam, então, diferentes das aptidões (talento natural da pessoa, que pode vir a ser aprimorado), das habilidades (demonstração de um talento particular na prática) e dos conhecimentos (o que as pessoas precisam saber para desenvolver uma tarefa). Seriam, portanto, o conjunto de capacidades que um ser humano tem – aptidões, habilidades e conhecimentos – e justificam sua alta performance em um determinado cargo.

De lá para cá, essa linha de estudo vem sendo desenvolvida em diversos países e ganhou ainda mais fôlego na década de 1990, adaptando seu conceito a uma época mais mutável. Foi assim que os franceses, naquele momento, extrapolaram o seu sentido ligado estritamente à qualificação. O trabalho não é mais um conjunto de tarefas associadas ao cargo, e assim a competência passa a ser também a capacidade que a pessoa tem de assumir iniciativas, ir além das atividades prescritas, ser capaz e compreender novas situações no trabalho, ser responsável e reconhecer isso. De todo esse percurso acadêmico, há 2 pontos que preciso destacar: as competências são contextuais – mudam à medida que a compreensão que temos do trabalho se altera – e em segundo lugar, elas podem – e devem – ser desenvolvidas.

Imagine, por exemplo, quais são as responsabilidades do cargo de um Chief Digital Officer. Elas variam de empresa para empresa. No entanto, de todas elas, há uma que é a menos técnica e que eu coloco sempre como a mais importante: a transformação do mindset dentro da empresa para o novo cenário de transformação digital, para o mundo VUCA, e para o novo conceito em que não existe mais distinção entre on e off. É preciso acreditar profundamente que o digital faz, de fato, a diferença ao fim do dia.

> **Competência é a inteligência prática de situações que se apoia em conhecimentos adquiridos e os transforma com tanto mais força quanto maior for a complexidade das situações.**

E para quem quer seguir esse caminho?

As competências, tal como foram estudadas, podem ser divididas atualmente em técnicas e humanas. As competências técnicas dizem respeito à condição mínima para a atuação profissional. Sem o conhecimento técnico básico sobre o desenvolvimento de um produto, torna-se impossível entregá-lo ao final de um projeto. Isso significa que o conhecimento adquirido na formação profissional está diretamente ligado ao cargo que se exerce na empresa.

Já as competências humanas, igualmente necessárias, não representam um critério mínimo para contratação, mas um diferencial entre profissionais. Hábitos e atitudes que podem ser adquiridos ao longo da vida profissional ou pessoal podem ser determinantes para que alguém passe a fazer parte de uma empresa ou um time. Esse é o tipo de competência que não se aprende em sala de aula, mas sim nas reações e experiências que acumulamos na vida, e deve estar sempre alinhada com os valores da cultura da empresa.

Escolhi as competências humanas como centro do trabalho que desenvolvo neste livro pelo mesmo motivo que vários administradores do Google, Apple e outros gigantes digitais colocam seus filhos em escolas sem infraestrutura tecnológica: não adianta aprendermos desde cedo a manusear uma quantidade maior de tecnologia que está em mudança constante com uma velocidade cada vez maior. Isso as máquinas podem fazer com mais facilidade do que os humanos. O que temos de único – a capacidade de sentir emoções e curiosidade, dois catalisadores do aprendizado, entre outros – será nosso guia nessa jornada ao futuro. As competências humanas serão, portanto, nosso diferencial em relação às máquinas.

Organizei este livro de forma que você possa absorver o que são as mais diversas competências humanas em suas diferentes aplicações: da vida cotidiana ao seu emprego, passando até mesmo pela criação dos nossos filhos – eles não são o nosso futuro?

Para isso, o primeiro capítulo dedica-se longamente à flexibilidade cognitiva. O termo, relativamente recente no meio acadêmico, representa a descoberta de alguns dos estudos mais revolucionários no que tange à aprendizagem nos últimos anos. Essa descoberta é a base para entendermos e nos destacarmos em um cenário de mudança, e é fundamental para todos os capítulos seguintes. Adiante trabalharei no tema da execução inovadora a partir de um novo olhar sobre "Inovação" – distinto daquele que vimos surgir na terceira Revolução Industrial –, passando também pela inovação aberta e pelas novas formas que as empresas tradicionais encontram para se tornarem mais ágeis (spoiler: não é apenas por meio de parcerias com startups!). A terceira competência é um convite a abrirmos o olhar e pensarmos longe: falar sobre especialistas em comportamento humano é falar sobre a importância da observação de mundo, de mergulharmos nas nossas experiências, de conectarmos ideias, de bebermos das mais diversas fontes para gerar um conhecimento que é único – e nunca será automatizado.

> Transformação digital não é um termo sobre tecnologia, mas sim sobre pessoas.
> É um termo humano, sobre comportamento humano.
> E, no mundo dos negócios, não é diferente: é sobre como escalar um negócio por meio de novas competências dos times, tendo as ferramentas digitais como meio.

A esta altura, imagino que você já esteja vislumbrando a chegada da transformação digital como uma velha amiga. Mas não é. Ainda! Falarei então sobre pensamento crítico, para nos sentirmos sempre capazes de questionar o que está posto e observarmos como as mudanças surgem – agora das frentes mais inesperadas. Sabendo disso, trabalharei alguns modelos de negócios que apresentaram crescimento sustentável como uma forma de analisarmos juntos quais são os caminhos necessários para um desenvolvimento pessoal e profissional que sobreviva bem ao cenário de transformação. Para fechar, o mundo vive em troca. Nunca se obteve tanto conhecimento gratuito e acessível como agora. Qual é o seu papel nessa novidade, e como você consegue priorizar o ser humano no meio da Revolução 4.0 por meio do altruísmo digital?

No quadro a seguir, apresento um breve resumo para que você entenda melhor quais são essas competências e o que elas representam de fato na sua vida. Antes de iniciar a leitura, cabe a mim apenas um alinhamento com você, que está lendo: pratique a *metanoia*.

COMPETÊNCIA	DESCRIÇÃO	COMPORTAMENTOS QUE TRADUZEM ESSA COMPETÊNCIA
FLEXIBILIDADE COGNITIVA	A capacidade de adaptação do nosso cérebro às situações em constante transformação geradas pelo cenário VUCA.	• A pessoa muda o próprio comportamento com agilidade após uma mudança no ambiente que a cerca. • Abraça os desafios, pois sabe que são fundamentais para o aprendizado. • Entende que a própria educação é a base, e não o teto. Ou seja, não se deixa definir por ela.
EXECUÇÃO INOVADORA	O entendimento de que inovar não significa necessariamente inventar algo novo, mas sim preencher uma demanda reprimida com um produto viável tecnicamente e com alto valor agregado.	• Mais foco na execução do que na ideação. Perfil executor. • Incorpora elementos de familiaridade em seus produtos ou serviços inovadores. • Não busca necessariamente reinventar a roda, mas sim novas formas de fazê-la girar.
ESPECIALISTA EM COMPORTAMENTO HUMANO	A identificação de tendências profundas de mudanças na demanda de consumidores, e não apenas na superfície. Traz insights a partir de outras áreas do saber, como sociologia, antropologia, neurociência, entre outras.	• A pessoa mergulha a fundo nas tendências que estão atrás da demanda para produtos e serviços, para entender as dinâmicas atrás delas. • Nos negócios, começa pelo cliente, e não pelo produto/serviço. • Não foca apenas no lado quantitativo das tendências em comportamento humano, mas também nas qualitativas (vindo de outras áreas do saber). Ou seja, número não é tudo.

COMPETÊNCIA	DESCRIÇÃO	COMPORTAMENTOS QUE TRADUZEM ESSA COMPETÊNCIA
PENSAMENTO CRÍTICO	A atitude de desafio do status quo das coisas para identificar oportunidades de geração de valor, usando sempre uma mente de principiante que questiona tudo.	• Questionamento e identificação de propósito, se perguntando o porquê das coisas. • Identifica lacunas no mercado que não são preenchidas, e busca soluções de alto valor agregado para preenchê-las. • Tem uma mente de iniciante, disposta a desafiar próprias crenças e com sede de saber.
CRESCIMENTO SUSTENTÁVEL	A busca para uma geração de valor para o cliente que faça crescer seu negócio de forma sustentável, ou seja, agregando valor ao ecossistema no qual você opera e não tirando valor.	• Prioriza o impacto positivo no ecossistema (mercado) no qual trabalham, e não o lucro absoluto. • Foca primeiro em retenção e fidelização de clientes, e depois em crescimento. • Fomenta um crescimento orgânico, conversacional e baseado em experiência, desafiando as crenças do marketing tradicional.
ALTRUÍSMO DIGITAL	A priorização do ser humano ao centro da experiência de negócio, focando no modelo de negócio H2H (Human-to-Human), num contexto de ameaça da tecnologia de substituir nossas competências técnicas – o que nos obriga a focar em nosso lado mais humano.	• Para ele, não existe modelo de negócio B2B (Business-to-Business) ou B2C (Business-to-Consumers), mas apenas um modelo de negócio: H2H (Human-to-Human). • Está ciente de que tem que ter um alto grau de Inteligência Emocional, mais importante que QI. • Prefere colaboração à confrontação.

CAPÍTULO 1

FLEXIBILIDADE COGNITIVA

A pedagoga Maria Montessori explicou, na primeira metade do século XX, o que seria a base da metodologia que propôs ao mundo: "A essência da Educação Montessori é ajudar a criança em seu desenvolvimento e ajudá-la a se adaptar a qualquer condição a que o presente a submeta". A frase, para mim, não precisaria ser datada. Em plena primeira infância, no início da década de 1990, me aproximei do método Montessori quando estudei em uma creche à época em que me mudei para os Estados Unidos com meus pais. Eu me encantei com o livre saber naquela que foi minha primeira experiência marcante com o mundo do aprendizado contínuo. Hoje o método é aclamado por ser o fio condutor que une os criadores da Amazon, Google e Wikipédia.

Retornamos à Itália alguns anos depois, e senti o desafio que era estar novamente em um modelo tradicional de ensino europeu (ainda que o método Montessori seja originariamente italiano). Minhas notas não foram destaque da turma até que eu pudesse descobrir minha própria forma de aprendizagem, pautada pelos interesses que me tocavam: a filosofia, o comportamento humano, a cultura e o desejo de me preparar para lidar de frente com as questões da vida, fossem elas quais fossem.

Um dia, durante minha quarta série, entrei na escola na companhia do meu pai. Ele, um filho de professores que sozinho se fez empreendedor global, começava a desbravar o mercado asiático despretensiosamente e queria que eu o acompanhasse em uma viagem à China. Meu pai foi um dos primeiros italianos a selar negócios com o mercado chinês em expansão. A oportunidade era rara e significava abrir mão de um mês de aula, um mês de acesso ao "conhecimento intelectual formal". Mas a resposta da minha professora foi "não".

Eu tinha 10 anos e cumpri com o ano escolar proposto com a promessa de que tentaríamos de novo, meu pai e eu. Novos argumentos, nova estratégia, nova esperança. Sorte minha que no ano seguinte mudei de professora, e dessa vez ela me concedeu por fim um "sim" parcial: eu poderia ser liberado das aulas por um mês, desde que fizesse um diário com relatos ricos e detalhados da minha viagem pela Ásia. Longe do conhecimento formal, treinei ali o meu papel de observador do mundo em lições que nunca esqueci.

O que eu experimentei dentro e fora da sala de aula naquele ano, Carol Dweck, pesquisadora da Universidade de Stanford, explorou em um extenso estudo realizado nas últimas décadas: o conhecimento intelectual formal, sozinho, não nos leva longe. Nos últimos séculos, buscamos alguns poucos gênios por meio do estudo da inteligência e dos talentos inatos; no entanto, não nos preocupamos em perceber o que levava pessoas comuns ao sucesso. A resposta encontrada por ela e publicada no livro *Mindset – A nova psicologia do sucesso* é que o sucesso não passava pelo conhecimento formal, mas por como nossa forma de pensar nos faz acreditar se é ou não é possível conseguir algo. É nosso mindset que determina se acreditamos que podemos aprender, mudar e crescer mais – ou menos. Ou seja, a chave estava em modelos de pensamento distintos.

Diante disso, Dweck foi capaz de perceber dois tipos distintos de mindset presentes na sociedade, determinantes para a trajetória pessoal de cada um:

Mindset fixo: a crença de que nascemos com uma "cota" de inteligência e talento que não irá mudar. Por isso, para essas pessoas, errar é algo insuportável. Para elas, é preciso constantemente provar a si mesmas o próprio valor, e evitam enfrentar as dificuldades por medo de falhar.

Mindset de crescimento: a crença de que as próprias habilidades podem ser desenvolvidas. Por isso, essas pessoas buscam constantemente novos desafios e oportunidades de desenvolvimento. Não precisam da aprovação dos outros e não têm medo de parecer mais vulneráveis ou menos inteligentes. São pessoas que tendem a encarar experiências novas sem medo de errar.

Mindset não é um traço de personalidade, mas uma forma pela qual deixamos nossa mente interpretar as características que nos definem. Ele molda nossa relação com o trabalho, com as pessoas, a forma como educamos nossos filhos e como desenvolvemos nossos liderados. É um fator decisivo para que todo nosso potencial seja explorado.

No mundo da transformação digital, lida-se sistematicamente com fracassos – nada mais é previsível ou esperado. Tudo é uma sequência de testes, erros, acertos e, principalmente, desenvolvimento. O curso que você fez não determina mais com o que você vai trabalhar e, se você ainda acredita que sim, talvez seja melhor repensar essa certeza, porque há um mundo de oportunidades que podem estar ficando para trás. Na transformação digital, a sua formação é a base, e não o teto. Ela deixa de ser o mapa que você deve seguir e passa a ser uma base conceitual que você deve explorar e aplicar a outras áreas do saber.

1.1 O sofrimento como agente de mudanças

"Aprende-se pelo amor ou pela dor. Na maioria das vezes, pela dor." Essa é uma máxima que escuto com frequência de um mentor, e não consigo discordar. É nessa sequência de testes e erros tão presente na transformação digital que ocorre o aprendizado tipicamente humano: pelo sofrimento. No best-seller *A sutil arte de ligar o foda-se*, o escritor Mark Manson discorre sobre como conseguimos nos desenvolver dentro das nossas limitações, e faz uma sábia colocação: "O sofrimento é o agente incentivador de mudança preferido pela natureza". Sofremos porque é biologicamente útil para nossa evolução como espécie. São aqueles que sofrem, que se sentem insatisfeitos ou até mesmo inseguros que se programam para inovar e sobreviver.

Imagine uma cena simples: uma criança de 3 anos corre pela casa. Curiosa, testa seus limites, descobrindo as dimensões e o espaço que a cercam. Ela se aproxima da cozinha. Você pensa que convém alertá-la e diz: "Filho, não encoste a mão na panela quando ela estiver em cima do fogão". O que ela vai fazer? Agindo como uma criança e movido pela curiosidade, ela vai então tentar mexer na panela dia após dia, até o momento de se queimar tocando algo no fogão. É assim – e não com o seu alerta – que ela vai aprender sobre o cuidado de não mexer com fogo. Ela não vai mais cometer o mesmo erro. Se não houvesse dor, ela não mudaria tão rapidamente.

Uma pesquisa desenvolvida pela Universidade da Califórnia em Los Angeles descobriu, por meio de metodologias convergentes – comportamento, genética e neuroimagem –, que os circuitos neuronais para a dor física e emocional se sobrepõem. Essa pesquisa mostra que elas são processadas igualmente por nosso cérebro e podem gerar, assim, efeitos similares de trauma e aprendizado. Da mesma forma como acontece com a dor física, nossa mente também está programada para se desenvolver com mais rapidez a partir da dor. A derrota pesa, mas por outro lado estimula.

Uma mão na frente e a outra atrás. Foi assim que cheguei ao Brasil. Com um português precário, mesmo depois de ter aulas nos Estados Unidos durante o mestrado, e sem conhecer praticamente ninguém. No começo, fui atrás de vagas em empresas onde obtive pouquíssima abertura e interesse para o meu perfil. Um italiano com quase zero experiência profissional, que nunca tinha trabalhado num contexto cultural como o brasileiro, e ainda por cima apenas com visto de turista! A maioria das companhias, durante minhas primeiras semanas de busca de emprego, costumava nem me dar devolutiva da entrevista. E ainda por cima, havia uma pergunta martelando constantemente na minha cabeça: "Andrea, por que você se meteu nessa?". Tenho a sorte de ter uma família que nunca me deixou faltar nada, e ao longo da vida abri mão do conforto para o desconhecido.

Contudo, essa fase foi muito importante para meu desenvolvimento pessoal e profissional – e principalmente para aprimorar minha flexibilidade cognitiva e capacidade de protagonismo na minha carreira.

Algumas lições que eu trago comigo desde então: para minimizar o impacto e o sofrimento das mudanças, foi fundamental pedir ajuda para meus líderes e mentores, inclusive para testar minhas convicções sobre eu estar ou não no lugar. Tomei consciência de que a transição também tem de acontecer internamente, naquilo que é mais sutil; isto é, em nosso pensar, sentir e querer. Precisamos estar despertos primeiro para o nosso autodesenvolvimento se quisermos, de fato e em seguida, ser agentes da mudança.

Não defendo que todos devam sofrer, não é isso. O que acredito é que pessoas com flexibilidade cognitiva e com um mindset de crescimento conseguem transformar sofrimento em desenvolvimento.

1.2 Ensine seu cérebro a ter jogo de cintura

Na Itália da minha adolescência, durante as férias escolares de verão, eu costumava trabalhar mais de dez horas a fio, sob o sol, como salva-vidas em Celle Ligure, balneário a 30 km de Gênova. Os únicos momentos em que eu podia aproveitar um pouco de sombra era quando revezava com meu colega para o turno no balcão do bar, servindo cafés e cappuccinos durante a alta temporada. Não era por dinheiro, mas por um desejo genuíno de aprender a me virar desde cedo, onde quer que fosse. Pouco depois de terminar meu colégio, pulei fora do melhor curso de economia da Itália, na Bocconi, com dois meses de aula. A minha escolha, aos 18 anos, era largar tudo e viajar em busca de outros conhecimentos e situações que me preenchessem naquele momento. E eu fui. Naquele ano de aventuras pelo mundo, fui parar na Turquia, na Espanha e no Senegal, entre outros lugares. Passei uma temporada no Marrocos, onde trabalhei fazendo bicos e cheguei até a instalar antenas nos tetos da *casbah* com amigos que fiz em Casablanca.

Quando olho para trás e vejo a diversidade das experiências que vivi – incluindo as no Egito (com um intercâmbio na Universidade Americana do Cairo), nos Estados Unidos e no Brasil – em detrimento de uma formação linear, às vezes me pergunto qual o fio condutor disso tudo. Porque aparentemente ele não existe. E sabe o quê? A verdade é que ele não existe mesmo, e o segredo é justamente esse. A flexibilidade cognitiva é propriamente a habilidade de transitar entre diferentes áreas de conhecimento e de pensar em múltiplos conceitos concomitantemente.

> "O teste de uma grande inteligência é a faculdade de sustentar duas ideias opostas na mente e ainda manter a capacidade de funcionar."
>
> *F. Scott Fitzgerald*

Na minha trajetória, observo que os profissionais brilhantes são aqueles que apresentam a predisposição de manter na mente múltiplas ideias e pontos de vista diametralmente distintos, sem entrar em pânico ao ter que decidir entre uma alternativa e outra. São capazes de produzir uma solução original que sintetiza e combina o melhor dessas várias linhas de pensamento. As tomadas de decisões não precisam ser do tipo "isto ou aquilo" – essas pessoas geralmente têm a habilidade de combiná-los de uma maneira inédita. Essa capacidade de criar ou usar diferentes conjuntos de regras para combinar ou agrupar as coisas de diferentes maneiras está diretamente associada à flexibilidade cognitiva.

Voltando às minhas origens italianas, quero resgatar os relatos dos Médici, uma família de banqueiros e mecenas de Florença. Eles conseguiram criar, combinar e nutrir pensamentos criativos como ninguém antes. Como? Reunindo e financiando escritores, escultores, filósofos, investidores, pintores, poetas e arquitetos, entre outros talentos. Esse caldo cultural rompeu barreiras entre disciplinas e culturas, dando origem a um mundo de ideias diferente de tudo o que se conhecia até então. A mudança foi tão radical que a época ficou conhecida como Renascimento, ou Renascença, advinda logo após a época obscura da Idade Média.

A pessoa renascentista é, então, a representação de uma figura curiosa e interessada em áreas aparentemente desconexas. Será, então, que as empresas do mundo atual estão criando ambientes como os do Renascimento? Leonardo da Vinci, por exemplo, é a personificação da flexibilidade cognitiva: era cientista, matemático, pintor, escultor e engenheiro. Um ícone do Renascimento, muito admirado por ser tão diverso e conseguir entender e decifrar as mudanças sociais e comportamentais daquela época. Ele tinha um leque muito amplo e variado de interesses, e tinha um domínio de múltiplas disciplinas – todas fomentadas por uma enorme curiosidade sobre o papel do ser humano na natureza.

Quando você consegue transitar de um conhecimento para outro – como, por exemplo, da área criativa do seu cérebro para a área mais racional – você terá mais chances de entender a complexidade das coisas e propor soluções mais assertivas. Ou seja, não vicie seu cérebro em conhecimento apenas, mas treine-o para se adaptar a diferentes situações. Afinal, do que adianta ter conhecimento, se não temos a habilidade de adaptá-lo e fazer uso dele em diferentes situações?

À medida que a Revolução Tecnológica avança, a flexibilidade cognitiva se torna a verdadeira vantagem competitiva do ser humano nesse cenário de transformação digital. Especialistas apontam que será mais difícil as máquinas substituírem tarefas não rotineiras que exijam o uso simultâneo de um amplo leque de habilidades e o enfrentamento de situações imprevistas. Para Ray Kurzweil, futurista e diretor de engenharia do Google, chegaremos à *Singularity* em 2045 – ou seja, o momento em que, devido aos avanços da tecnologia, teremos máquinas mais inteligentes que pessoas. E é para esse momento que precisamos nos preparar.

1.3 Ensino tradicional *vs.* escolas do futuro

O surgimento da escola como percurso obrigatório para a formação de crianças e adolescentes coincide com a Primeira Revolução Industrial, e não é por acaso. A migração de famílias do campo para os centros urbanos e o aumento do processo de industrialização aumentaram a necessidade de uma mão de obra qualificada – papel que a escola veio para exercer.

No entanto, os moldes sobre os quais essa escola tradicional se estrutura, com foco na capacitação de alunos em massa, estão muito coerentes com o que foi demanda durante a época do taylorismo: funcionários controláveis cumprindo suas funções dentro da hierarquia determinada pela administração. Quando esse modelo deixa de fazer sentido e passamos a viver uma cultura mais horizontal, valorizando mais a criatividade dos nossos talentos e menos os processos padronizados e planejados, uma nova demanda surge para as escolas e universidades: formar mão de obra qualificada de um amanhã que vive em meio à transformação digital.

Não por acaso, as novas tendências em diretrizes escolares falam essencialmente de um ensino personalizado e focado em engajar alunos por meio da curiosidade e da criatividade. A relação entre professores e alunos se assemelha ao que se espera, portanto, de uma liderança: inspiração para promover aprendizes apaixonados pelo tema ao qual se dedicam. Salas de aula colaborativas que promovem debates e estimulam o pensamento crítico estão mais próximas do que se espera de uma escola do futuro. Mas o foco principal está no trabalho do professor em empoderar seus alunos para que tenham autoconfiança de experimentar e viver as mais diversas situações, independentemente do que possa acontecer de errado.

Isso está diferente do modelo atual, no qual as escolas estão centradas no aprendizado de informações. No passado, isso podia até fazer sentido, pois o acesso à informação era difícil e escasso. Hoje em dia, pelo contrário, estamos inundados por uma quantidade gigantesca de informações. Isso torna necessário desenvolver a capacidade de dar sentido a essa informação, de apontar as diferenças entre o que é ou não importante e, acima de tudo, de combinar pedaços de informação para criar uma imagem do mundo. Paradoxalmente, a última coisa que o ensino precisa, num cenário desses, é proporcionar mais informação aos seus alunos.

Ao mesmo tempo, além da informação, muitas escolas focam em ensinar determinadas habilidades e competências para os seus alunos, da gramática ao cálculo matemático, passando por um novo idioma e, em tempos mais recentes, até programação de softwares e aplicativos. Qual o problema disso tudo? É que, por não fazermos ideia de como será o mundo e o mercado de trabalho daqui a algumas décadas, não sabemos de fato que tipos de competências concretas as pessoas irão requerer. É bem provável, inclusive, que as competências dos exemplos mencionados acima sejam desempenhadas melhor pelas máquinas do futuro próximo. O que fazer? Muitos pedagogos indicam justamente as competências detalhadas aqui no livro – por exemplo, pensamento crítico, colaboração, capacidade de adaptação, comunicação e a habilidade de manter o equilíbrio mental em situações com as quais não estamos familiarizados – como algo que deveria ser ensinado nas escolas. A mudança é a única certeza, e por isso é provável que passaremos por altos níveis de estresse – pois a mudança é estressante, e a partir de uma determinada idade as pessoas já não gostam mais de toda essa mudança.

Também é por isso que, desde muito tempo, a existência das pessoas se dividia em duas partes complementares: uma fase da vida voltada ao aprendizado, onde se acumulavam informações, se desenvolviam habilidades e se moldava a própria identidade e visão do mundo, seguida do resto da vida, voltada principalmente ao trabalho, no qual o indivíduo utilizava as capacidades acumuladas para ganhar a vida e contribuir para a sociedade (já que não se considerava possível o ser humano aprender tanto nessa fase). Mas o ritmo acelerado da transformação digital fará com que esse modelo quebre e não haja a mesma continuidade linear entre as diferentes fases da existência. Por isso se fala tanto hoje de "aprendizado contínuo", ou seja, que o aprendizado não é exclusivo apenas daquela primeira fase da vida, mas sim um processo constante, fomentado não apenas pelas instituições de ensino, mas, cada vez mais, de responsabilidade também das empresas e do indivíduo em si.

1.4 Neuroplasticidade: por que a rotina é contraproducente

A possibilidade de desenvolver um novo mindset e novas formas de pensamento é embasada cientificamente por estudos que provam que, na fase adulta, o cérebro humano é capaz de se modificar em proporções que não acontecem em nenhuma outra espécie. Os estudos são relativamente recentes (começaram nos anos 1980) e já relacionam essa capacidade à história da nossa evolução humana.

Pesquisas mostram que a anatomia e a função do cérebro humano evoluíram para serem altamente responsivas às experiências do dia a dia, especialmente por meio de interações sociais. Isso se prova especialmente pelo tempo de crescimento do cérebro em relação ao nascimento e por mudanças nas expressões genéticas.

Com a plasticidade, entende-se que o cérebro não só é capaz de produzir novos neurônios, mas também de responder aos estímulos do meio ambiente. O aprendizado tem a ver, então, com modificações ligadas a experiências, ou seja, alterações que são expressão e consequência da vida que vivemos. Por meio das suas vivências, o indivíduo reformula suas conexões neurais em função das necessidades e do ambiente circunstante. Como consequência, nosso cérebro é moldado a partir dos estímulos que recebemos ao longo do nosso dia a dia, sem os quais não há flexibilidade cognitiva. Mas o estímulo que julga e não valoriza o erro também não gera aprendizado.

É aqui que novamente trazemos a responsabilidade para a formação das crianças nas escolas e o desenvolvimento dos adultos no meio corporativo. A ausência de experiências de aprendizagens é um fenômeno chamado por psicólogos de "privação cultural", e deve disparar um alerta quanto ao desenvolvimento da plasticidade em uma pessoa. Quando falamos de aprendizado para provocar essa modificabilidade, estamos falando especialmente de interações sociais, porque a flexibilidade e a rigidez cognitiva estrutural se alteram a partir da ação educacional que age no indivíduo por meio da família e da escola. Quanto menos ações, mais rígida se torna a estrutura cognitiva.

Estímulos, experiências e situações diferentes são, portanto, fundamentais para desenvolver essa flexibilidade cognitiva. E é nesse ponto que a rotina corporativa – e de vida – pode surgir como um empecilho para o nosso desenvolvimento, uma vez que limita nossa capacidade.

Em 2008, o jornalista e escritor canadense Malcolm Gladwell publicou o livro *Fora de série – outliers* e lançou com ele uma regra que o faria famoso: dedique 10 mil horas à atividade que deseja e se tornará, então, um especialista. Com ela, Gladwell faz uma defesa sobre não ser o talento natural o que importa: a prática faz a perfeição. A teoria se tornou muito famosa especialmente por tornar palpável a possibilidade de sermos heróis de nossas áreas com o que temos à mão: disciplina e dedicação. No entanto, se ficarmos na rotina, nós limitaremos nossa capacidade de desenvolvimento. Conseguiremos desenvolver capacidades específicas e virar experts em determinados assuntos? Sim. No entanto, no final estamos abrindo mão de enormes oportunidades de desenvolver essa flexibilidade e capacidade de adaptação. Pois uma rotina permeada por disciplina e dedicação traz resultados no curto prazo; nos médio e longo prazos ela comporta um custo de oportunidade muito grande, determinado pelo não aproveitamento das oportunidades de desenvolver a flexibilidade cognitiva.

1.5 Faça um favor ao mundo: ensine seu filho a acreditar na mudança

Carol Dweck tece uma provocação especialmente dirigida aos pais e educadores das crianças de hoje, mas que podem ser igualmente aplicadas às lideranças: nós não nascemos com mindsets definidos. O que os bebês trazem é uma curiosidade genuína pelo novo, e à medida que crescemos, construímos nosso mindset a partir das nossas experiências de vida. Esse é um dos aspectos mais interessantes da flexibilidade cognitiva: não é algo genético, algo inato. É possível desenvolver.

O exemplo prático dessa construção, segundo a pesquisadora, se apresenta nos feedbacks passados às crianças, usualmente focados em adjetivos como "dotados" e "talentosos". Isso porque, de acordo com a pesquisa, quando pais e professores entregam elogios como "você é tão inteligente" ou "você deve ser tão talentoso", eles as estimulam a dividir o mundo entre as coisas em que são competentes e as que não são. Da mesma forma, essas mesmas crianças tendem a reagir negativamente quando enfrentam contratempos de desempenho.

O elogio à criança, dependendo de como é feito, pode ser um dos principais responsáveis por fortalecer um determinado mindset já durante a infância, o que traz consequências para a autoconfiança em longo prazo. As colocações são sutis – seja em palavras ou ações –, mas dizem bastante sobre a crença que você propaga dentro de casa.

Ensine seu filho a aprender com o erro e os obstáculos. Compartilhe situações e histórias de outras pessoas que se desenvolveram na adversidade e provoque, com isso, inspiração. "Você tem características permanentes e estou julgando você" é uma abordagem que pode ser trocada por outra, com um foco no aprendizado: "Você está em desenvolvimento e estou interessado no seu crescimento". Exemplo claro de elogios que têm efeitos diferentes: após a criança ter levado boas notas para casa, um comentário que estimula o mindset fixo é "Parabéns! Como você é inteligente". Enquanto um comentário que estimula o mindset de crescimento é: "Parabéns por ter se esforçado tanto para encontrar as soluções corretas".

Os resultados dessa pesquisa de mindset se tornaram uma das tendências mais comentadas no mundo educacional nas últimas décadas. No entanto, as pessoas passaram a se confundir quanto aos conceitos. É importante lembrar que o mindset de crescimento não se resume apenas a esforço: ele diz respeito à crença de que alguém pode aprender e melhorar continuamente. E o mundo corporativo só tem a ganhar com esse cenário: estudos provam que podemos realmente mudar a mentalidade de uma pessoa, de "fixa" para "crescimento", e quando o fazemos, conquistamos um aumento de motivação e realização.

1.6 Cultura ágil = cultura flexível

A comunicação instantânea, o aumento da produtividade e a queda das barreiras geográficas por meio da digitalização, além de todas as demais mudanças promovidas pela economia e pelo avanço das Revoluções Tecnológicas, trouxeram impactos enormes à forma de funcionamento das organizações ao redor do mundo.

Você já sabe disso.

OK.

Mas como lidar com tudo isso?

Na primavera do ano 2000, 17 desenvolvedores norte-americanos se reuniram para discutir melhores práticas, especialmente no que diz respeito a métodos leves de programação (SCRUM e DSDM, entre outros), sempre com foco em leveza e menos burocracia. Naquele encontro foi lançado o "Manifesto do Desenvolvimento de Software Ágil", que hoje chamamos de Manifesto Ágil. Ele se resumia nos seguintes princípios:

1. **Indivíduos e interações** mais que processos e ferramentas.
2. **Software em funcionamento** mais que documentação abrangente.
3. **Colaboração com o cliente** mais que negociação de contratos.
4. **Responder a mudanças** mais que seguir um plano.

O manifesto lançado para criar uma metodologia acabou se tornando base também para uma nova cultura corporativa, que está sendo utilizada cada vez mais por empresas não nativas digitais: a cultura ágil, a preferida dos millennials e um contraponto aos parâmetros considerados em uma cultura tradicional. A cultura ágil é sobre responder rapidamente às mudanças ambientais, em vez de seguir um processo ou procedimento rigoroso. Os produtos são então desenvolvidos de forma fluida e contínua, em vez de planejar tudo desde o início e seguir um plano, mesmo quando ele não faz mais sentido. Atualmente, o Spotify, serviço de streaming de música mais usado do mundo e empresa eleita como uma das mais inovadoras do mundo em 2018 pela Fast Company, é um dos principais benchmarks para o tema.

A organização básica dentro do Spotify é a matriz com times orientados vertical e horizontalmente. Os grupos orientados verticalmente (*squads* e tribos) são agrupados por produto, ou seja, por *features* ou grupos de *features* correlacionados. Os conjuntos orientados horizontalmente (*chapters* e *guilds*) são agrupados por *skill* ou interesse, e têm como objetivo a troca de melhores práticas, experiências e desafios, por meio dos quais a empresa tenta obter sinergias internas de conhecimento e produtividade.

Um dos pontos fundamentais para que uma empresa seja considerada ágil é que ela consiga passar de um paradigma de "organizações como máquinas" para "organizações como organismos vivos", encontrando nesse modelo estabilidade e dinamismo. O paradigma da organização como máquina emergiu na Revolução 2.0 junto com o fordismo. Essas estruturas organizacionais foram construídas em torno do conceito de "prever e controlar": um paradigma que envolve pessoas do topo da estrutura, desenvolvendo estratégias que são cascateadas de cima para baixo para o resto da companhia. Os trabalhadores não têm flexibilidade para mudar essa estratégia centralizada – apenas o *top management* tem a autoridade de decidir o que precisa ser feito e como. A hierarquização da empresa, o gerenciamento total da qualidade e a busca por produtividade máxima deu certo até pouco tempo atrás. Inicialmente, as mudanças implementadas com base nesta administração científica fizeram com que a Ford reduzisse o tempo de montagem de um carro de doze horas para noventa minutos e o preço de 850 dólares para 300 dólares, e até hoje as grandes corporações vivem a herança desse mundo pós-Revolução Industrial.

1.7 Flexibilize a própria empresa

Mais digitalização, mais tecnologia disruptiva e a valorização da flexibilidade e novas competências nos funcionários trouxeram um novo formato de organização para o mundo 4.0. São as organizações como organismos vivos. Elas não são mais hierárquicas e burocráticas. Giram ao redor de um líder que passa a visão e têm a capacidade de mudar rápido e focar na ação. O centro das atenções é sempre o cliente, e sua retenção é a preocupação principal. Com isso, alcançam resultados louváveis. Pesquisas mostram que empresas com cultura ágil têm 70% de chances de estar no mais alto quartil de saúde organizacional, que costuma ser o melhor indicador de performance de longo prazo.

E como operacionalizar essa mudança? O caminho, constatado pela McKinsey em pesquisa realizada em 2018 com empresas ágeis, passa sempre pela adoção de cinco marcos relevantes:

1. **Estratégia**: empresas ágeis têm um norte bem definido. Com visão e propósito compartilhados, buscando gerar valor para todos os *stakeholders*, essas empresas conseguem envolver todos os atores na busca por oportunidades e por uma estratégia focada na ação.
2. **Estrutura**: redes de equipes empoderadas. Os times envolvidos nessas empresas têm uma estrutura fluida e com uma mentalidade aberta ao ecossistema ao redor. As células em que se organizam são muito focadas nos propósitos da organização, e o direcionamento é do "*hands-on*": o famoso "mão na massa".
3. **Processos**: empresas ágeis estão sempre focadas na tomada rápida de decisão e nos ciclos de aprendizagem. Nelas, a experimentação é a principal forma de obter conhecimento, as informações sobre os processos são transparentes, o aprendizado é contínuo e, principalmente, as decisões são tomadas rapidamente, o que confere ainda mais autonomia ao time.
4. **Pessoas**: time flexível, dinâmico e apaixonado. Empresas ágeis têm uma liderança compartilhada que consegue promover em sua equipe um desenvolvimento contínuo. São pessoas com autonomia e responsabilidades claras, proativas e apaixonadas pelo que exercem.
5. **Tecnologia**: tecnologia de última geração. Estas empresas estão constantemente desenvolvendo a arquitetura, os sistemas e as ferramentas, e adotam sempre tecnologias e práticas à frente do tempo.

Essa mudança não é fácil, e a cultura ágil não é necessariamente adequada para todo tipo de empresa. É a ideal para quem está preocupado em atrair talentos entre os millennials e a Geração Z. Valores como flexibilidade, responsabilidades compartilhadas, tempo de resposta rápido, autonomia e formalidades limitadas conversam diretamente com o que é valorizado por eles e, ao mesmo tempo, é fundamental para o bom funcionamento de uma mentalidade ágil.

Um ponto interessante desse cenário é que ele está completamente alinhado com o que é o mindset de crescimento, comentado anteriormente neste capítulo. Ter um mindset ágil é consequência de como modelamos a mentalidade da organização ou o contexto onde estamos. Assim, funciona tanto para as empresas quanto para as pessoas.

Isso significa que a cultura ágil está focada também na cultura do crescimento, em que o objetivo é o aprendizado. Aqui não falo apenas dos treinamentos e programas de desenvolvimento comentados acima, mas também do estímulo a se desafiar, a aprender com os erros e assim alcançar resultados no dia a dia.

Na perspectiva da liderança compartilhada proposta pela cultura ágil, esse pensamento aparece a todo momento. Ter metas, diante dessa nova estrutura, é essencial para a existência da agilidade. É por meio delas que muito aprendizado acontece, desde que sejam claras e objetivas. A empresa se organiza por elas – é assim que se espera que o time vá aprender a se auto-organizar, se planejar e, principalmente, aprender a errar.

Saber falhar é uma oportunidade de melhorar e segue o lema "*Try fast, fail faster*": teste rápido e falhe mais rápido ainda. Errando o quanto antes, você e o seu time irão aprender mais cedo também. No entanto, é necessário entender que todo erro deve ser uma oportunidade de melhoria, e não uma sessão de apontamentos de dedo. Isso soa como flexibilidade cognitiva, não acha?

1.8 Formando times com flexibilidade cognitiva

A formação de um time forte em flexibilidade cognitiva está diretamente relacionada à capacidade de uma empresa enfrentar riscos. Explico: não é possível desejar profissionais com essa competência bem desenvolvida quando, ao contratar, você exige sempre candidatos especialistas e totalmente preparados. Quem deseja a flexibilidade cognitiva busca profissionais com sede de aprendizado, pessoas que queiram assumir responsabilidades que nunca viveram antes, que se proponham a sair da zona de conforto e se adaptar a outros cenários.

Líderes devem entender que os erros são recursos para o aprendizado e desenvolvimento de seus liderados. Uma herança dos sistemas tradicionais de gestão de pessoas fordista e taylorista é que as pessoas são controláveis; portanto, esperam-se posturas passivas. Hoje, líderes e empresas orientam-se pela ideia do desenvolvimento mútuo: ao se desenvolver, a empresa acaba por evoluir as pessoas, e estas, progredindo, fazem o mesmo com a organização. Lideranças precisam formar times como gestores da própria relação com a empresa, bem como do seu desenvolvimento profissional.

Diante desses desafios para formar times com flexibilidade cognitiva, uma análise que faço é que as transformações mencionadas acima não foram acompanhadas por ferramentas para apoiar a implantação e gestão clara de modelos ágeis em empresas tradicionais. Vivemos justamente o momento de criar esse novo modelo, corrigindo erros (caso surjam) enquanto implantamos e construímos a nova realidade. Em consequência, surge mais um desafio para os líderes: por não ter um modelo bem-definido, muitos não se sentem confiantes em se desprender dos modelos e pensamentos fordistas e tayloristas, tão bem-sucedidos em outra época. A cobrança em cima de metas de curto prazo às vezes é forte demais para correr um risco desses.

Para quem não sabe por onde começar, é importante falar de dois pontos cruciais para a formação dessa nova empresa. O primeiro é a contratação, que deve ser guiada pelo alinhamento entre os valores da pessoa e da cultura da empresa. Só assim é possível compartilhar visões e paixões e promover o desenvolvimento desejado para a empresa e seus trabalhadores.

O segundo é que é importante pensar nas práticas cotidianas para desenvolvê-las. E isso se mostra especialmente na postura que as lideranças têm diante do erro. Um espaço de mindset de crescimento não julga quem erra, mas o ajuda a se desenvolver. Além disso, as lideranças estão menos ocupadas com seus próprios poderes do que com o bem-estar da equipe liderada. O convite é para uma cultura de autoanálise, comunicação aberta e trabalho em equipe. O elitismo não deve ter lugar.

Outro ponto fundamental para que se viva a cultura ágil em equipe é o estímulo à diversidade de pensamento. Afastando-se do pensamento de grupo e autorizando a existência de pessoas questionadoras, estimula-se as contraposições e a reflexão sobre posturas da empresa. São essas pessoas que permitem a evolução e o estímulo ao diferente, desde que possam participar também dos processos decisórios da companhia.

Times com flexibilidade cognitiva expressam opiniões e desacordos com maior franqueza. A discussão das ideias, mesmo que contrárias, são sempre bem-vindas – o conflito aqui não é visto como carga negativa. A empresa não se preocupa com quem é o "mais inteligente" ou a "aprovação da ideia", mas sim com decisões sensatas. Liderança que forma times com flexibilidade cognitiva, por sua vez, não castiga quem discorda de suas opiniões, e sim entende o que levou a essa discordância. Estimula que o indivíduo tenha espaço para expressar suas críticas, suas ideias.

A empresa deve estar atenta também às suas métricas de feedback. Em busca da flexibilidade cognitiva, não elogiamos habilidades, mas sim o processo. Exaltamos quem mostrou que obteve aprendizado mesmo quando seu projeto deu errado. Enaltecemos o esforço em persistir e em executar, a capacidade de perseguir desafios, mudar seu pensamento, praticar a *metanoia*.

CAPÍTULO 2

EXECUÇÃO INOVADORA

Impossível falar de inovação sem começar com a história de um vale. O Vale do Kerulen, terra natal dos mongóis, tornou-se palco de uma das histórias mais incríveis da humanidade quando, em 1206, o imperador Gengis Khan foi proclamado governador, unificando tribos mongóis e turcas sob um único poder. À época, Gengis Khan dominou tudo o que havia entre o oceano Pacífico e o mar Cáspio, construindo o império mais extenso da história – chegou a ocupar 20 milhões de km², o equivalente a 2,3 vezes o tamanho do Brasil e 20% das terras do planeta. Idolatrado pelas suas conquistas no mundo ocidental – que dedica grandes expedições ainda hoje para encontrar seu túmulo em um projeto que se chama Vale dos Khans –, Gengis Khan conseguiu se firmar como uma das lideranças mais fortes no mundo oriental e o maior herói da história da Mongólia, mesmo 800 anos depois da sua morte.

Por qualquer ângulo que estudemos a história – seja pelo número de populações conquistadas, territórios anexados ou a área total sob a influência do império –, Gengis Khan é responsável pela conquista de mais que o dobro de terras de qualquer outro líder. Para se ter uma ideia, trazendo para o mapa-múndi da atualidade, seria como se o reinado ocupasse um território tão vasto que iria da Península da Coreia, no Extremo Oriente, até a Rússia europeia, da China à Turquia.

Gengis Khan é reconhecido por ter conectado o Ocidente e o Oriente, fazendo a chamada Rota da Seda prosperar. Sua imagem permanece nas cédulas que circulam no país. O imperador estabeleceu ainda um serviço de correio confiável e um exército eficiente, e seu reinado incluiu conceitos de imunidade diplomática e liberdade religiosa, garantindo um nível de civilidade digno a tudo o que ele conquistou.

O antropólogo Jack Weatherford, que se debruçou sobre a história de Gengis Khan e escreveu uma das biografias mais completas do líder, conta em seu livro que, apesar da força da liderança e o impacto da sua história para a região, o imperador mongol não criou nada de novo. O Império Mongol não ficou marcado por desenvolver uma novidade tecnológica, como os aquedutos dos povos pré-colombianos, ou uma nova religião. Também não se destacou por criar um tipo de cerâmica de alto valor, como a chinesa, ou uma revolução artística, como a do Renascimento italiano. Tampouco desenvolveu uma arquitetura própria significativa, até por ser uma população nômade. No entanto, à medida que o império se expandia para novos territórios e conquistava povos de origens diferentes, os mongóis absorviam a novidade cultural, aprimoravam o que já era de seu conhecimento e repassavam os ensinamentos de uma civilização a outra. Dessa forma, o Império Mongol abriu o mundo para um novo tipo de comércio: não somente de bens, mas também de ideias. Isso, curiosamente, em uma região em que sequer havia escrita.

Os descendentes de Gengis Khan que herdaram o império após sua morte, em 1227, continuaram com um esforço grande em expandir ainda mais seu território. Mas continuaram, principalmente, a movimentar bens e produtos para combiná-los de forma a obter soluções extremamente inovadoras. Por meio de uma combinação de sucesso, aliando conhecimentos e tecnologias para solucionar lacunas existentes ao longo do império, Gengis Khan ainda é reconhecido por historiadores e outros estudiosos como um dos líderes mais inovadores da História, mesmo não tendo criado algo necessariamente novo.

O império ainda duraria mais de um século após a morte de Gengis Khan, e o território foi ainda mais ampliado, sobretudo sob o poder de Ogodei – que derrotou exércitos na região que hoje chamamos de Polônia, Hungria, Croácia e Alemanha –, e Hulagu Khan, que anexou terras do Iraque, da Síria e até do Egito. No entanto, entre os fatores apontados pelos historiadores para a divisão do território e a consequente queda do império, está a falta de uma liderança que conseguisse unir as tribos sob um mesmo poder como Gengis Khan conseguiu.

Se na época a métrica que media uma liderança bem-sucedida era a quantidade de territórios físicos dominados, hoje já podemos falar de outros tipos de territórios que se traduzem em impacto no mundo e sucesso financeiro de seus líderes. Jeff Bezos, fundador e principal acionista da Amazon, empresa líder global em comércio eletrônico, é um exemplo. Atualmente a pessoa mais rica do mundo, com fortuna acumulada em mais de 150 bilhões de dólares, é, para mim, o equivalente do Gengis Khan dos tempos modernos, reunindo em uma só empresa a expansão rápida, estratégica e inteligente.

Se colocarmos na cabeça a palavra inovação, você poderia até imaginar que traçaríamos uma rota de voo do Vale do Kerulen até o do Silício. No entanto, a escolha de Bezos para gestar seu império não foi a mesma dos demais líderes de startups que se tornaram gigantes da tecnologia dos Estados Unidos. A 1.500 quilômetros ao norte do centro tecnológico do país, o local escolhido por Bezos para ser a sede da sua empresa foi a cidade de Seattle, onde já estava instalada a Microsoft. A escolha, como sempre, inspirava-se em uma estratégia: ali ele fugiria dos aluguéis altos e mão de obra cara para empreender em uma empresa menos preocupada com o que era valorizado, à época, em uma startup – ambientes descontraídos, decoração moderna, entre outros. A preocupação era aonde ele queria chegar.

A história de expansão do império de Bezos conta com um portfólio diversificado de ações que incluem até mesmo a exploração de negócios no espaço sideral. Dentre seus negócios estão, além do comércio eletrônico, serviços de nuvem, de streaming, venda de livros, cartões de crédito, a rede de supermercados Whole Foods, o jornal *The Washington Post*, um programa de crédito (Amazon Lending) e uma empresa de astronáutica que pretende levar pessoas à Lua.

Reconhecido recentemente como o CEO de melhor desempenho no mundo, segundo a *Harvard Business Review*, Jeff Bezos segue uma máxima própria: "Fique sempre de olho na grama do vizinho". A premissa do empreendedor, considerado extremamente meticuloso e detalhista em seus negócios, é se inspirar no que está funcionando na concorrência para entregá-lo ainda melhor ao mercado. Pois imagine que o homem mais rico da história não foi quem inventou o comércio eletrônico. Ele só o tornou melhor do mundo nas suas mãos.

O Tinder tampouco foi a primeira plataforma de relacionamentos, embora hoje seja um dos aplicativos com maior faturamento no mundo. Antes de ele explodir, o rádio já ocupou seu espaço de promover a paquera virtual – pelo menos desde a década de 1940, nos programas românticos da Rádio Nacional. À época, era um locutor de voz grave que anunciava em programas noturnos, entre uma e outra canção, quem estava solteiro e o que procurava: "Homem, alto, moreno, por volta de 35 anos, procura mulher romântica disposta a viver um grande amor" – eu imagino. O próprio namoro virtual existe pelo menos há uma década, por meio de plataformas que tinham um extenso formulário de inscrição para mapear todas as características e intenções dos participantes, gerando assim o melhor *match*. Isso prova que ser inovador não significa, necessariamente, inventar algo novo do zero, mas entregar uma melhor versão executada daquela ideia, na época em que se está.

O Match.com soube bem como fazer isso. A plataforma pioneira em namoro virtual foi lançada em 1995 para viabilizar anúncios classificados em jornais. Ao longo do desenvolvimento da empresa e sucessivas trocas de CEO, em 2001 ele se uniu ao Love@AOL, plataforma gratuita de bate-papo para encontros on-line gerida pela

AOL e MSN. Herdou com isso toda a sua base de usuários. Em 2004, portanto, já era reconhecida como plataforma pioneira para namoros virtuais, e funcionava promovendo encontros entre usuários que se interessassem mutuamente de acordo com perfis altamente detalhados.

Naquele momento, mais de 42 milhões de solteiros haviam se registrado desde seu lançamento em 1995 nos Estados Unidos, e ao redor do mundo eram mais de 15 milhões de membros usando o serviço. A plataforma foi então reconhecida pelo Guinness como a maior plataforma de relacionamento on-line do mundo.

Mas ele não parou por aí. De 2004 a 2010, a plataforma se expandiu para as mais diversas frentes, adquirindo plataformas de nicho, como as que promoviam encontros entre pessoas com perfis e estilos de vida semelhantes, plataformas que funcionavam sem assinatura, como a OkCupid, e o Par Perfeito, líder em encontros na América Latina.

Ao passo que se preocupava com a expansão acelerada ao redor do mundo, o Match.com também mantinha, por meio da IAC (sua empresa-mãe desde 1998), um laboratório de inovação. Foi dentro dele que Sean Rad, Jonathan Badeen e Justin Mateen desenvolveram um aplicativo que partia de duas premissas: 1) uma pessoa se sente mais confortável se aproximando de alguém cujo interesse é recíproco; 2) promover o encontro entre desconhecidos por meio de similaridade nos perfis identificados no Facebook.

Ali, dentro do Match.com, nascia o Tinder, que registrava mais de 12 milhões de *matches* por dia em 2013, ano do seu lançamento. Não demorou muito, portanto, para que fosse incorporado ao portfólio da maior plataforma de namoro on-line do mundo. O curioso é que, nesse caso, apesar de pioneiro na sua área, o Match.com soube se reinventar ao introduzir um novo aplicativo com grande potencial e mais alinhado às tendências do mercado atual, sem medo de ser absorvido por ele.

2.1 Efeito de exposição e familiaridade nos negócios

Na disputa entre corporações e startups, há algo que está cada vez mais no centro: quem consome. Essa pessoa é bombardeada diariamente e em diversas telas simultâneas por novos produtos e serviços à medida que as barreiras de entrada de novos negócios se reduzem com o poder da tecnologia. E está também em quem consome a solução para quem possa vir a acreditar que a possibilidade de inovação no mundo está se esgotando. Enquanto nos modificamos frequentemente, nossas novas necessidades pulam aos olhos do mercado a todo tempo. E assim construímos um fenômeno fundamental para o lançamento de produtos bem-sucedidos: o "efeito da exposição", ou também chamado de "princípio da familiaridade".

No livro *Hitmakers – como nascem as tendências*, o autor Derek Thompson mostra como centenas de estudos realizados ainda na década de 1960 comprovaram que as pessoas preferem sempre algo que soe familiar a aquilo que está mais distante de sua realidade. Um desses estudos reuniu uma grande quantidade de voluntários, e para cada um deles foram exibidos centenas de símbolos aleatórios: formas geométricas, ideogramas chineses, caracteres, palavras sem sentido. De modo geral, quando compelidas a responder sobre a forma que mais gostavam, as pessoas escolhiam a imagem que tinha sido apresentada mais vezes: a forma mais exibida virou, também, a mais familiar.

Trazendo para a nossa realidade do século XXI, é também o princípio da familiaridade que explica o sucesso da disseminação de *fake news* em todo o mundo. As pessoas tendem a dar mais credibilidade às pessoas que conhecem do que às desconhecidas. Portanto, se recebem uma notícia falsa de um amigo próximo ou um familiar, é mais difícil convencê-las de que aquele material é claramente falso, mesmo que haja outra notícia, de um veículo confiável, que a desminta.

Há um termo na psicologia usado para descrever o pensamento que vem mais fácil à nossa mente, ou uma lembrança mais frequente: "fluência". A maior parte das pessoas costuma preferir as ideias com as quais concorda, as imagens mais fáceis de serem compreendidas ou as histórias de fácil entendimento. E uma das principais fontes de fluência é a familiaridade. Afinal, para entender uma ideia, imagem ou história, precisamos construir pontes com aquilo que já ouvimos, vimos ou vivemos em algum lugar. Algo que nos soe familiar tem um lugar especial em nosso mapa mental.

No entanto, ao mesmo tempo que recorremos à familiaridade, também nos sentimos atraídos por situações que nos trazem pouco dessa fluência, uma curiosidade pela novidade, que nos desafie e nos faça pensar. Em meio à Primeira Revolução Industrial, era o que o filósofo Immanuel Kant chamava de "interação livre" em seu ensaio "Crítica do Juízo", de 1790. Esse conceito define a dualidade da mente do ser humano, ao mesmo tempo conservadora (busca pela familiaridade) e curiosa (busca pela novidade).

Se pararmos para pensar, é também essa dualidade apontada por Kant que está por trás de uma teoria desenvolvida pelo francês Raymond Loewy – considerado o pai do design moderno e inventor, dentre outros, da garrafa da Coca-Cola. A teoria MAYA (*Most Advanced Yet Acceptable*) diz que as pessoas gravitam na direção de produtos ousados desde que eles sejam instantaneamente compreensíveis.

Em meio às novidades da transformação digital, tudo isso soa extremamente atual, pois com a existência de barreiras mais baixas de entrada nos mercados e maior agilidade e rapidez no *time-to-market*, as corporações de hoje precisam introduzir elementos familiares nos seus produtos e serviços para que possam se destacar.

Vale lembrar que este capítulo não é uma ode à inovação incremental, aquela em que um produto incorpora elementos novos em relação ao anterior sem que, com isso, as funções básicas sejam completamente alteradas. Se fosse, eu perderia a oportunidade de mencionar criações e pessoas inovadoras que transformaram o mundo, começando com Steve Jobs e sua capacidade de criar o que os consumidores nem sabiam que desejariam. Mas é uma oportunidade de dizer que mesmo as inovações disruptivas vieram da observação do que já foi criado.

2.2 Inovar não significa inventar algo novo

Inovar não significa, necessariamente, inventar algo novo.

Quase todas as minhas manhãs são marcadas por um treino específico: o jiu-jítsu. E é vestindo um quimono e com pés descalços sobre um tatame que vivo meus processos criativos cotidianos mais intensos. Parece curioso, mas são as atividades que mais prendem minha atenção, como tentar passar a guarda do adversário durante uma luta, fazer uma trilha em meio à natureza ou sair para fotografar a paisagem urbana, que me estimulam a criar ideias novas.

No passado, sempre que tinha uma dessas ideias, eu corria para o Google para conferir se alguém ou alguma empresa já oferecia alguma solução parecida. Minha esperança era não encontrar alguma menção vaga que remetesse àquela minha recém-criada invenção – assim eu poderia considerar minha ideia inovadora. No entanto, quase sempre me deparava com vários relatos de pessoas ou startups que já ofereciam aquele serviço no mercado e, frustrado, eu voltava à estaca zero. Para mim, uma ideia que não fosse pioneira jamais seria inovadora. E me custou algum tempo até entender que inovar não é sinônimo de inventar algo novo. É claro que um produto inovador pode ser disruptivo, mas isso definitivamente não é uma condição, uma relação de necessidade.

Uma das consequências impulsionadas pela transformação digital é que as barreiras para se criar um negócio foram reduzidas drasticamente. Com isso, há mais oferta, mais possibilidade de escolha e, claro, maior competição pelas fatias do mercado. Ao mesmo tempo, é muito mais difícil inventar algo novo sem que haja uma grande quantidade de recursos (e tempo) disponíveis – o que é muito difícil no empreendedorismo da era digital.

Por isso, é cada vez mais necessário separar os conceitos de inovação e invenção. Voltemos alguns parágrafos. Jeff Bezos, é claro, não inventou o comércio de bens, nem mesmo a internet, e tampouco o comércio on-line. No entanto, conseguiu aliar diversos fatores importantes como pilares da Amazon. Podemos citar, por exemplo, conceitos como o de entrega rápida, atendimento eficiente, boa política de preços e uma política de fidelidade agressiva para criar um serviço eficiente e extremamente admirado pelos seus clientes. O inventor, ao contrário, é alguém que cria uma solução nova – como Santos Dumont, que deu a volta na Torre Eiffel a bordo de uma máquina mais pesada que o ar e acabou revolucionando, anos mais tarde, a forma como as pessoas se transportam de um lugar para o outro.

A invenção é o resultado de um processo de exploração que costuma envolver um amplo estudo científico, por exemplo. O invento – a razão pela qual existe o inventor – é passível de ser patenteado, um processo de reconhecimento burocrático cujas regras variam conforme o país e que confere ao inventor ou à empresa dona da patente direito sobre a propriedade intelectual daquele produto. A patente é a garantia de que aquele produto não será copiado por um concorrente, um documento oficial que confere ao seu criador o selo de originalidade.

> ## Invenção é criar algo inédito, como um produto, serviço ou até um processo.

Se a invenção é algo completamente novo lançado no mercado – não necessariamente como consequência de uma demanda dos consumidores – a inovação é responsável por responder a essas demandas mantendo o mercado sempre atualizado e oferecendo uma vantagem competitiva constante. Pode ser tanto o desenvolvimento de um processo novo como uma transformação de algo que já existe para uma demanda que surgiu no mercado.

A partir do momento em que os aparelhos de telefone celular se converteram em smartphones, a instalação de uma pequena câmera na parte de trás do equipamento transformou o gadget também em uma máquina fotográfica portátil. Mais para a frente, foi preciso lançar câmeras cada vez melhores e com alta definição também na parte frontal do aparelho. Afinal, uma das necessidades das pessoas no século XXI é apontar a câmera para si e compartilhar seu próprio cotidiano.

2.3 O que é inovação na Revolução 4.0, então?

Definir inovação é uma tarefa difícil. Isso explica por que é tão complicado para executivos liderarem processos de inovação nas organizações. Gosto muito da definição que aprendi em um curso de Design Thinking: inovação é o que fica na interseção entre os valores humanos (ou seja, a demanda), a viabilidade tecnológica e a viabilidade financeira. Não adianta ter uma dessas variáveis e faltar as outras duas. Nem adianta ter duas e faltar uma só. É preciso que os três fatores atuem em conjunto para formar esse cenário.

Para gerar uma solução inovadora, é preciso, então:

1. Entender a demanda.
2. Ter capacidade de materializar a solução.
3. Gerar valor para os usuários.

A inovação de fato não está no fim, mas no meio; ou seja, pela maneira como acontece, e é essa a criatividade que o mundo demanda. Não se trata de necessariamente reinventar a roda, mas trazer novas maneiras de fazê-la girar.

Esse modelo de inovação é particularmente apropriado para o cenário de transformação digital, já que a Revolução 4.0 traz mais agilidade à execução tecnológica em um estágio em que muitas soluções já foram lançadas. O conhecimento sobre linguagem de programação, que já foi um recurso mais restrito, é agora acessível a quem tem uma ideia na cabeça e a vontade de fazê-la sair do papel, seja por meio da contratação de programadores ou mesmo de plataformas que viabilizam a criação de novas soluções com facilidade.

Na Revolução 4.0, profissionais que conseguem inovar terão a oportunidade de se beneficiar com cenários de rápidas transformações em produtos, tecnologias e modos de trabalho. Lembrem-se: as máquinas perdem para nós nessa área, porque não conseguem inovar como os seres humanos. Não conseguem juntar peças novas, buscar repertórios a partir da exploração de outras áreas do saber, ou desenvolver alternativas criativas para resolver problemas a partir de insights.

Além do próprio conceito de execução mais acessível para "novas ideias", a Revolução 4.0 também promove a inovação de outras formas. Por exemplo: a interconectividade e o Big Data trazem juntos informações e insights a que não tínhamos acesso antes, tornando possível gerar soluções mais eficientes para realidades do nosso cotidiano. As próprias cidades, isto é, o modelo como nos organizamos em sociedade desde a primeira Revolução Industrial, estão sendo detalhadamente estudadas no cenário de transformação digital – o objetivo é encontrar soluções mais eficientes para problemas que conhecemos há séculos.

No entanto, em um cenário de rapidez e acessibilidade, é preciso também mais cautela no lançamento de novos produtos. Pode ser contraproducente criar algo novo e lançá-lo no mercado se você não está preparado para executá-lo com excelência. Seus concorrentes estarão tão capacitados quanto você, se não mais.

2.4 A desvantagem do pioneiro

A dificuldade que ainda existe em lidar com um mundo dividido em certo e errado muitas vezes inibe nossas iniciativas de colocar a mão na massa. Soma-se a isso uma concepção equivocada de que a inovação deve sempre ser radical ou disruptiva – caso contrário, nem mereceria ser feita. É importante dizer que a inovação radical tampouco é garantia de sucesso.

O fundador da plataforma HootSuite, Ryan Holmes, discorre sobre isso. Para ele, na era da transformação digital, a chamada "vantagem do primeiro entrante" pode ser considerada, na verdade, uma desvantagem. Na teoria clássica de estratégia de negócios há a seguinte regra: se você cria um negócio novo e o larga na frente dos concorrentes, está mais apto a construir uma marca que dificilmente será alcançada pelos demais. Em muitos casos, o nome da marca se confunde com o nome do produto – e praticamente não há nada que o concorrente possa fazer para mudar essa "cultura".

Se olharmos pelo retrovisor, essa norma realmente faz sentido. Afinal, criar um negócio novo abre portas para um mercado pouco desbravado e sem concorrentes é muito mais fácil criar uma necessidade de consumo em cima daquilo que você produz. Dessa forma, quando os primeiros concorrentes entrarem no mercado, você terá largado tão antes que vai ser bem difícil alcançá-lo – sobretudo porque, tradicionalmente, existem grandes barreiras para entrada em novos mercados (particularmente devido à alta necessidade de investimentos em custos fixos). Há vários cases que ilustram essa situação. Podemos citar, por exemplo, o Walkman, da Sony, uma solução para ouvir música de forma portátil e individual que só foi desbancada pelo iPod, da Apple, três décadas mais tarde. Mas essa vantagem existia em um mundo onde já não vivemos mais.

E por que a "vantagem do primeiro entrante" pode ter se transformado quase que em uma desvantagem, conforme a visão de Holmes?

Na era da transformação digital, as tecnologias se desenvolvem e ficam obsoletas de forma muito mais rápida. Além disso, o mercado vive em plena evolução. Dessa forma, ao encarar o mercado com um produto novo, você tem pouco tempo até que seu concorrente apresente uma nova solução – possivelmente mais moderna e eficiente que a sua. Mas essa não é a única desvantagem. Ao desbravar um ambiente novo, seus concorrentes estão observando os obstáculos que você enfrenta para poder apresentar ao público uma estratégia melhor. Provavelmente, os produtos que vão chegar depois do seu serão melhores, terão um modelo de negócio mais sólido e vão oferecer uma novidade tecnológica mais impactante.

De certa forma, a (des)vantagem do primeiro entrante ocorre porque você gasta uma energia muito grande para abrir um mercado e seu concorrente pode muito bem se aproveitar disso. Quando falamos de negócios inovadores, não se sabe muito bem sobre algumas informações básicas, como a demanda dos seus clientes e o potencial daquele negócio. E, com uma barreira menor de entrada, os outros players conseguem aprender com seus erros e, dessa forma, têm oportunidade de apresentar um produto concorrente melhor sem tanta dificuldade. Na prática, você pode estar validando a demanda para um produto ou serviço pelo benefício de um incumbente ou competidor. Isso acontece mesmo sendo verdade que, em negócios como redes sociais ou plataformas digitais em geral, o líder muitas vezes seja determinado por quem acumula um maior número de usuários, conseguindo o chamado *network effect*: quanto mais usuários tem, mais você atrai. Mas isso não significa necessariamente que você tenha que ser o primeiro, só o melhor em reter e crescer a sua base. Vou discorrer melhor sobre isso mais à frente neste livro.

Quem acompanha o universo de atualizações das redes sociais deve ter se lembrado de um caso recente, envolvendo Snapchat e Facebook. Mas antes de entrarmos nessa disputa, vale contar um episódio interessante protagonizado por Mark Zuckerberg, o CEO e fundador do Facebook.

Antes de atingir a marca de 1 bilhão de usuários ativos em 2012, ele distribuiu entre seus colaboradores um livro de capa vermelha com uma mensagem que, anos mais tarde, no episódio envolvendo o Snapchat, se tornou "visionária". Zuckerberg disse que o Facebook teria que ser o responsável por criar a "morte" do próprio Facebook. Se ele não o fizesse, certamente, um concorrente faria.

Conscientemente ou não, Zuckerberg estava ecoando com essa mensagem outro livro que é praticamente uma escritura sagrada no mundo das startups: *O dilema do inovador*. Escrito em 1997 por Clayton Christensen, professor da Harvard Business School, o guia trouxe essa questão muito antes de a "inovação disruptiva" se tornar uma piada na HBO, com a série *Silicon Valley*.

Isso nos leva, enfim, ao caso do Snapchat. A plataforma entrou no mercado com um diferencial em relação a seus concorrentes, como o próprio Facebook. O público era composto basicamente por adolescentes – seus pais estavam bastante ocupados postando "correntes" na rede do Zuckerberg – e as mensagens sumiam após vinte e quatro horas. Com essas novidades, o Snapchat forçou a migração de parte desse público a ponto de incomodar o dono do Facebook. Em 2013, enxergando o potencial do aplicativo para o público jovem, Zuckerberg ofereceu 3 bilhões de dólares para a compra da empresa, valor que foi recusado por Evan Spiegel, fundador do Snapchat. Três anos mais tarde, a empresa lançou o Instagram Stories, uma nova funcionalidade para a rede social baseada em imagens, que era basicamente uma cópia do Snapchat por onde quer que comparemos: as opções de filtros para as imagens, a linha do tempo no topo da tela e a duração das fotos e dos vídeos, que sumiam da rede após vinte e quatro horas.

Durante as Olimpíadas do Rio, em 2016, os usuários brasileiros e canadenses foram surpreendidos ao abrir o aplicativo e, com apenas um toque, ter acesso à câmera para postar uma foto ou vídeo diretamente por meio dessa nova funcionalidade. Igual ao Snapchat. Nas arquibancadas do ginásio, os torcedores poderiam adicionar uma marcação de localização para informar seus seguidores onde estavam e podiam adicionar elementos à própria foto, como tinta facial nas cores verde e amarela para o Brasil ou vermelha e branca para o Canadá, além de expressões como "*Team Brazil*" ou "*Team Canada*".

O Facebook copiou o Snapchat. Fato. Chegou três anos depois, mas praticamente engoliu o primeiro entrante. Ter oferecido uma novidade ao mercado em 2013 não fez com que o Snapchat se consolidasse de tal maneira que um concorrente não pudesse ultrapassá-lo três anos mais tarde. É o mundo digital.

O Instagram Stories se tornou um grande sucesso. Apenas dois meses após seu lançamento, contava com 100 milhões de usuários ativos diários, um número que dobrou para 200 milhões até abril de 2017 e superou os 500 milhões até janeiro de 2019. O Snapchat possuía 166 milhões de usuários ativos, barreira que foi destruída pelo Instagram Stories em apenas alguns meses. E para finalizar, após o Snapchat ter feito a estreia na bolsa de valores em 2017 com um valor em torno de 30 dólares por ação, agora elas se encontram em torno de 15 dólares, praticamente a metade do valor.

Entre o final de 2016 e início de 2017, lembro-me de amigos comparando o número de visualizações que receberam suas histórias nas duas plataformas (com vantagem para o Instagram). Isso fazia sentido, já que a base de usuários era muito maior naquele momento, e por causa disso a maioria dos usuários tinha mais amigos e seguidores no Instagram do que no Snapchat. A emoção de ver quantas pessoas estavam assistindo e reagindo à sua história estava se espalhando pela maior base de usuários do Instagram.

Desvantagem do primeiro entrante. Viu só?

2.5 A inovação não está na ideia, mas sim na execução

Certa vez, durante uma visita a um escritório, deparei-me com um cartaz colado na parede com uma frase que dizia mais ou menos assim:

"Eu não teria problema em esquecer todo o planejamento estratégico da minha empresa em um avião, pois sei que ninguém vai saber executá-lo como eu". E é por isso que, cada vez mais, as empresas abrem mão dos seus "segredos". Não faz mais sentido manter guardada a sete chaves a "receita do molho especial" se a razão de ele existir está menos na receita em si do que na forma de executá-la.

A Dobra é uma marca gaúcha de carteiras fininhas, feitas de papel. Foi lançada por 3 estudantes na faixa dos 20 a 25 anos, que queriam desenvolver um produto útil e que gerasse boas experiências em todos os passos da jornada de compra. Conseguiram, e dois anos após o lançamento, já faturavam mais de 2 milhões de reais com apenas 18 colaboradores no time. Durante o processo, resolveram lançar, também, uma plataforma colaborativa que permite a eles ter mais de 400 estampas feitas por dezenas de designers, garantindo escalabilidade para a impressão das carteiras. O case de sucesso fez com que eles lançassem um site não só ensinando como fazer o molde da carteira, mas toda a estratégia de desenvolvimento do produto e da marca. A ideia é tão curiosa quanto simples: quanto mais gente fazendo o que fazem, melhor para eles e para o mundo. Estimula novas ideias e trocas de experiências. E se aparecer uma empresa com capacidade de executar melhor a carteira que já fazem? Aí, eles terão um estímulo para inovar.

Na Era da Informação, temos à disposição um acesso ao conhecimento como nunca houve na história da humanidade, e de forma praticamente gratuita. Para se ter uma ideia, são mais de 60 trilhões de páginas indexadas ao Google, milhares de cursos on-line produzidos e disponibilizados pelas melhores universidades do mundo, que garantem acesso a conteúdos riquíssimos de diversas áreas, além de centenas de plataformas gratuitas para desenvolvimento de novos produtos. Com toda essa oportunidade de conhecimento, não ter ideias de novos negócios é praticamente impossível no mundo de hoje. Assim como é também quase impossível pensar algo que já não tenha sido criado antes. Isso não deve, de forma alguma, desencorajar a busca por ideias novas e inovação disruptiva, mas é preciso ter a noção de que a inovação não está no papel onde você rascunhou uma ideia. É preciso ir além.

Graças à evolução tecnológica, essa maior facilidade para a criação de novos negócios é hoje um dos principais fatores que torna a inovação fundamental – e a execução ainda mais importante. Em 1994 (portanto, há mais de duas décadas), quando o cenário de expansão do universo digital era menos translúcido que o de hoje, Jeff Bezos – na época, desenhando o plano de negócios da Amazon – observou que as ideias passariam a valer cada vez menos, dando lugar à capacidade de execução.

Embora essa já seja uma realidade, para muitas pessoas o procedimento de inovação é um processo sobre ideias. Muitos realmente acham isso, mas, na verdade, é muito mais sobre execução, pessoas e processos. Existem diversos mitos a respeito de como inovar.

Em 2010, os autores Vijay Govindarajan e Chris Trimble, no livro *O outro lado da inovação: a execução como fator crítico de sucesso*, apontam os 10 maiores mitos sobre inovação, e justamente o primeiro é que esta diz respeito a ideias.

Isso acontece porque "idealizar" é energizante e glamoroso. Execução, ao contrário, parece trabalho sujo; mas sem ela grandes ideias não chegam longe – ficam no papel. Veja a seguir os 10 principais mitos sobre o tema, segundo os autores de *O outro lado da inovação*:

Mito	Explicação
1. Inovação é sobre ideias.	O foco nas *Big Ideas* é desproporcional. Ideias são apenas o começo; sem a disciplina, o foco e os recursos necessários para a execução, nada acontece.
2. Um bom líder nunca falha ao inovar.	O conflito inerente entre inovação e operações do dia a dia é forte demais para uma pessoa enfrentar sozinha.
3. Lideranças efetivas na inovação são subversivas, combatendo o sistema.	Lideranças efetivas na inovação não são necessariamente rebeldes e subversivas, mas sabem conciliar operações do dia a dia, sem tornar isso uma bagunça.

Mito	Explicação
4. Qualquer pessoa pode ser inovadora.	Ideação faz parte do trabalho de qualquer pessoa, mas poucos sabem realmente coordenar os esforços e recursos para executar essa inovação.
5. A verdadeira inovação acontece de baixo para cima.	Iniciativas inovadoras requerem comprometimento claro e intencional de recursos. Para isso é preciso um foco e recursos vindos da liderança.
6. Inovação pode ser facilmente incorporada numa organização estabelecida.	Algumas formas de inovação podem ser incorporadas, como melhorias contínuas de produto, mas inovação pontual é fundamentalmente incompatível com operações do dia a dia.
7. Lançar inovação requer uma mudança organizacional completa.	Inovação requer apenas mudança direcionada. O primeiro princípio é não prejudicar as operações existentes. Uma abordagem comum que funciona é usar equipes dedicadas para estruturar esforços inovadores.
8. Inovação pode apenas acontecer em times pequenos e isolados.	A inovação não deve ser isolada das operações em andamento. Deve haver engajamento entre eles. Quase todas as iniciativas de inovação que valem a pena precisam alavancar ativos e capacidades existentes.
9. Inovação é um caos ingerenciável.	Infelizmente, as práticas recomendadas para gerar ideias não têm quase nada a ver com as práticas recomendadas para avançá-las. A inovação deve ser gerenciada de perto e cuidadosamente, durante os 99% da jornada que é a execução.
10. Apenas as startups sabem inovar.	Para a felicidade dos empreendedores, muitas grandes empresas estão convencidas de que devem deixar a inovação para as startups. No entanto, pesquisas sugerem que muitos dos maiores problemas do mundo só podem ser resolvidos por empresas grandes e estabelecidas.

2.6 Como levar a execução inovadora para sua empresa?

Num primeiro momento, o surgimento das startups – empresas de base tecnológica com alto potencial de escalabilidade – foi responsável por balançar a estrutura de hegemonia do mercado que existia na década de 1990, e é ainda hoje uma provocação para quem tenta inovar em grandes corporações. Com DNA inovador, pequenas e ágeis, elas se mostraram capazes de resolver rapidamente problemas de formas nunca antes pensadas e gerar receitas à altura de uma grande empresa.

Una a esse cenário jovens cada vez mais dispostos a trocarem de emprego em busca de propósito e investidores extremamente interessados em apostar nesse novo modelo de negócios, e formamos um panorama ameaçador e imprevisível para as corporações: o de que a propriedade intelectual não está mais guardada a sete chaves. Um dos primeiros pesquisadores a identificar essa mudança, Henry Chesbrough, professor de Harvard, lançou ao mundo o que era, então, o novo desafio das corporações: diferentemente de outras épocas em que o poder estava em deter os meios de produção, a questão da Era da Informação era aprender a lidar com a mobilidade do conhecimento. Afinal, as ideias não podem ser detidas.

E já existem as grandes corporações comprometidas com a Era da Informação. Este é o princípio que guia Elon Musk, por exemplo, ao abrir as patentes da Tesla, gigante na produção de carros elétricos e comprometida a acelerar a transição do mundo para a energia sustentável com carros elétricos, painéis solares e soluções integradas de energia renovável. Com a abertura das patentes para a produção de carros elétricos, a Tesla Motors possibilita outras empresas a copiarem seu conhecimento, caso queiram e consigam. Para Musk, as empresas automobilísticas baseadas em combustível são seu real inimigo, ao passo que empresas que estejam dispostas a produzir carros elétricos o ajudam a construir esse novo mercado.

Em um cenário que lhes parecia mais favorável, as startups também não estão navegando tranquilas em um oceano azul. Construídas sob o modelo de testes de erros e acertos e validação de ideias – 74% das startups brasileiras fecham após cinco anos de existência, segundo a Startup Farm –, elas precisavam (e precisam!) mostrar ao mundo que seus projetos merecem receber investimento para vingar e ganhar velocidade no mercado. E foi na união de forças que se despertou uma alteração paradigmática da forma de pesquisar e desenvolver novos projetos: surgiu a inovação aberta.

Desenhada como uma parceria entre dois lados interessados em viabilizar um projeto, a inovação aberta atualmente guia a maioria das relações entre empresas e startups. Trata-se de uma relação de parceria em que ambos os lados conseguem ganhar: de um lado, as startups entram com a capacidade de resolver problemas; do outro lado, entram as empresas com o capital para o desenvolvimento das soluções. Os formatos são diversos: além do aporte de capital, pode acontecer também a concessão de estrutura física (coworking) e networking ou por meio de eventos, como hackathons, que estimulem grupos a solucionar problemas em troca de premiações.

> **As grandes empresas não precisam aprender apenas a trabalhar com startups. Elas precisam primeiro aprender a trabalhar como startups.**

Na última década, desde o boom do digital no Brasil, tornou-se comum, portanto, vermos grandes empresas investindo em projetos grandiosos e pontuais, que as auxiliem a se posicionar como empresas inovadoras. Informalmente podemos até mesmo chamar esses projetos de "pirotecnias", dado o grande grau artístico e de entretenimento do seu público-alvo. Mas o que acontece na prática se distancia do show: poucas iniciativas novas realizadas assim, pontualmente, são absorvidas pelas empresas em um segundo momento. Isso acontece porque a inovação deve ser uma competência inerente à empresa, e não um projeto departamental. Mesmo com todo entusiasmo acerca da inovação aberta, ainda é difícil mensurar sua capacidade de tornar grandes empresas essencialmente inovadoras. E isso acontece por um único motivo: o despreparo das grandes corporações em incorporar essas soluções.

2.7 Inovação e transformação digital: qual a relação?

As duas expressões acima são tratadas como sinônimos. Mas não é bem assim. Um artigo na *Forbes* assinado por Jeremie Kletzkine, cofundador da GameIS, uma associação de gaming digital de Israel, mostra que essa confusão é comum na cabeça de algumas pessoas que já estão inseridas em um universo de transformação digital e acreditam que estão inovando. Para ele, inovar é algo que poucas empresas no mundo sabem fazer. Se você tem uma startup que entrega soluções dentro do contexto da transformação digital, isso não quer dizer, necessariamente, que seu negócio é inovador.

Em geral, a transformação digital é como um cenário em que, cada vez mais, os negócios estão inseridos. Vamos supor que você passe a identificar uma necessidade de realizar uma série de mudanças porque percebeu que seus clientes estão optando por soluções digitais que você não oferece. Pense num restaurante que só realiza entregas por meio de atendimento telefônico, por exemplo. Após notar essa limitação, você decide transformar seus produtos e processos em digitais – levando a solução para dentro de um aplicativo próprio, por exemplo – para alinhar a essa nova realidade. Isso não significa que você inovou, mas apostou em uma transformação digital no seu negócio para se manter vivo.

Um segundo passo nesse processo seria utilizar essas novas ferramentas digitais para criar produtos e processos novos, ampliar os canais e crescer seu negócio de forma horizontal. Isso também se enquadra no processo da transformação digital, mas ainda não se trata de "inovação".

Um erro comum é que a transformação digital é, muitas vezes, tratada ela mesma como disrupção. No entanto, ela é mais uma adaptação a uma realidade que já é disruptiva. Inovadora é uma realidade em que é possível pedir comida com um toque no smartphone, não um restaurante que tenha um aplicativo ou um site apenas para ganhar uma presença digital.

2.8 Executar a transformação digital em empresas tradicionais

A transição digital em uma empresa tradicional se assemelha muito àquela metáfora: "trocar o motor do avião enquanto ele está voando". Requer conciliar a gestão do negócio existente, lidar com as questões do dia a dia da corporação e, ao mesmo tempo, construir o negócio do futuro. O avião vai perder altitude no começo, antes que volte a subir e voar em patamares ainda maiores que o que estava antes. A fase inicial da transformação digital é, possivelmente, a mais complicada de todo o processo. Não é incomum que os gestores sintam medo ou incerteza com relação aos resultados, e menos incomum ainda é o fato de que muitos colaboradores poderão questionar a estratégia adotada. Além disso, uma empresa que segue um modelo tradicional que ainda está dando certo e com um lucro razoável pode ter dificuldade de abrir mão desse cenário positivo para um futuro incerto.

Um dos exemplos mais ilustrativos sobre esse assunto é o da Adobe. Em 2013, o CEO da multinacional, Shantanu Narayen, decidiu que iria mudar o modelo de vendas de licenças de seus softwares. Em vez de comercializar o Creative Suite a 2.500 dólares, por meio de uma licença perpétua, a empresa passaria a vender o produto como se fosse um SaaS (*Software as a Service*), com planos de assinatura que começavam de 50 dólares mensais. O objetivo era mudar de um modelo de venda unitária para o de assinatura que, com o passar do tempo, traria um duplo ganho para a companhia: receitas mais estáveis e previsíveis, além de um atrativo para a entrada de novos clientes. Isso culminaria no Adobe Creative Cloud.

No entanto, no curto prazo, essa transição foi impactada por uma queda nas receitas e lucros da Adobe. As receitas caíram 8% naquele ano e ficaram estagnadas no ano seguinte. No entanto, no médio prazo, a estratégia se revelou correta. A Adobe é reconhecida como líder no plano de assinatura. E o CEO provou que visão, coragem e capacidade de execução são fundamentais para o crescimento de um negócio. A avaliação de mercado da Adobe mais que dobrou nesse prazo, atingindo 128 bilhões de dólares em abril de 2019.

Pelo que já observei, em geral, as empresas tradicionais seguem três fases em um processo de transformação digital.

1. Na primeira, utiliza-se a tecnologia para reduzir custos e melhorar a eficiência na prestação de serviços e nas demais operações dos negócios. Para alcançar esse patamar, é preciso quebrar algumas resistências que fazem parte das organizações tradicionais, o que não é tarefa fácil. No entanto, o foco em eficiência interna nessa primeira etapa fornece um benefício tangível para que a transição digital possa ser mais bem aceita nas empresas tradicionais.
2. Na segunda fase, as empresas abrem suas plataformas tecnológicas para os clientes. Isso gera valor aos próprios consumidores, o que repercute positivamente para a empresa em si.
3. Na terceira e última fase, as empresas tendem a transitar para um modelo de plataforma, abrindo os próprios sistemas para terceiros, muitas vezes competidores. Isso tudo requer uma mudança forte nas organizações internas e, de fato, o desenho de uma organização voltada à inovação.

2.9 Execução inovadora nasce no departamento de RH

Não adianta falar de transformação digital de empresas sem destacar o papel que as pessoas têm nesse processo. Afinal, a transição para o mundo digital é, sobretudo, um processo feito de e para pessoas, em que a tecnologia tem um papel secundário nessa lógica. A verdadeira inovação nasce com os indivíduos certos, com as competências certas, nos lugares certos. Ou seja, "garantindo as pessoas certas dentro do ônibus", como diz Jim Collins, um dos maiores especialistas de gestão do mundo e autor do livro *Empresas feitas para vencer*. É nesse sentido, inclusive, que os projetos realizados com as startups tendem a dar certo: quando a incorporação de seus projetos serve também como uma formação para os antigos colaboradores, como uma forma de se prepararem para um novo mindset.

Um levantamento da Gartner mostra que 2 terços dos executivos acreditam que, para suas empresas continuarem no jogo, precisam passar por um processo de digitalização. Para Brian Kropp, vice-presidente da Gartner, essa pressão pela transição digital bate às portas dos departamentos de Recursos Humanos dessas empresas. Isso significa que o processo de aquisição de novos talentos vai passar pela atração de profissionais com um perfil mais "digital". Mas não só isso. Também faz parte dessa nova realidade do RH buscar mais insights dos colaboradores sobre esses processos, treinar os líderes para desenvolver as habilidades digitais de seus times, entre outros.

CAPÍTULO 3

ESPECIALISTA EM COMPORTAMENTO HUMANO

O acadêmico Hans Rosling viveu um encontro interessante com Pascoal Mocumbi, primeiro-ministro do Moçambique entre 1994 e 2004, enquanto este estava visitando Estocolmo em 2002. Na ocasião, ele comentou que o próprio país estava fazendo mais progresso do que previam as estatísticas que Rosling havia apresentado. Segundo o ministro, diante das estatísticas que nem sempre eram perfeitas, havia uma métrica valiosa a ser observada: ele olhava para os pés das pessoas.

Nas tradicionais marchas de maio em Moçambique, ele olhava para quais sapatos as pessoas calçavam. Os cidadãos faziam o possível para estarem arrumados nesse dia, o que significa, portanto, calçar sapatos. Mas como era um evento que mobilizava todo o país, não era possível pedir pares emprestados aos amigos – todos estavam nas ruas e arrumados. Diante desse cenário, ele comparava as diferenças a cada ano: as pessoas que iam descalças, as pessoas que iam com sapato e quais sapatos usavam. Com isso entendia como estava o poder de consumo do povo. Ele costumava dizer:

> "Um bom primeiro-ministro olha para os números, mas não só para eles."
>
> *Pascoal Mocumbi*

Gosto dessa passagem porque ela me ensina que precisamos ser extremamente atentos às tendências em comportamento humano para conseguirmos entender o mundo com assertividade. Precisamos de um olhar mais amplo, trazendo inspiração de outras áreas do saber. Muitas das vezes, essas tendências não são quantificáveis ou perceptíveis em relatórios, estatísticas, gráficos. Elas estão escondidas em estudos da psicologia, sociologia, antropologia e neurociência, por exemplo. E é nesse olhar amplo que encontramos uma espécie extremamente necessária para a transformação digital: o especialista em comportamento humano. Entender que as mudanças trazidas pelos avanços na tecnologia modificam em diversos graus nossos relacionamentos humanos, e o espaço que convivemos é o ponto de partida para o desenvolvimento dessa competência. Afinal, essa observação tem sido catalisadora de muitos negócios de sucesso nas últimas décadas. Dentre eles, o Tinder.

A Revolução 1.0, que ocorreu em meados de 1840, preparou nossa sociedade para um mundo novo. As mudanças em massas para o centro urbano provocaram transformações nas nossas relações sociais. E começamos a criar ali as primeiras noções do casamento tal como conhecemos hoje: um arranjo familiar centralizado entre pai, mãe e filhos, com noções de individualidade e intimidade, motivado pelo amor e fidelidade nos novos centros urbanos que surgiam. Pouco antes, o casamento como "negócio" da família, um arranjo de interesses, passava a perder forças e, com ele, as intromissões recorrentes da família alargada. Ali o ideal do amor romântico começava a guiar nossa sociedade para o século seguinte. *Love is in the air.*

Até que, com a guerra, chegou a destruição. E, entre 1960 e 1970, tudo começou a se reorganizar novamente. A mulher, até então sempre cortejada, entrou com maior força no mercado de trabalho e passou a desejar o básico: direitos iguais. As estudantes conseguiram romper com o código de vestimenta diferenciado e a calça jeans tornou-se febre: mulheres não usam só saias. O casamento deixou de ser eterno e o divórcio passou a ser legal. Os jovens começaram a revolução do Peace & Love. *Imagine all the people living for today.*

Na mesma toada, o final do século XX e seu discurso pela liberdade fortaleceu o movimento de direitos de lésbicas, gays, bissexuais e transexuais (LGBT) no Ocidente. Ao iniciar os anos 2000, os Países Baixos tornaram-se a primeira nação do mundo a conceder o direito de casamento aos casais do mesmo sexo. De lá para cá, mais de 29 países e territórios permitem o casamento homoafetivo, e desde 2009, no Brasil, é permitida por lei a adoção de crianças por casais homoafetivos.

A última amostra do Censo do IBGE mostra que a família brasileira se multiplicou, trazendo 19 laços de parentesco, contra 11 presentes no censo anterior. O conceito tradicional de família, composta por um casal heterossexual com filhos, esteve presente em 49,9% dos lares visitados, enquanto que em 50,1% das vezes, a família ganhou uma nova forma: mesmo que por um ponto decimal, agora ela já representa a maioria. As famílias homoafetivas já somam 60 mil, sendo 53,8% delas formadas por mulheres. Mulheres que vivem sozinhas são 3,4 milhões, enquanto que 10,1 milhões de famílias são formadas por mães ou pais solteiros.

A mudança no cenário de como nos organizamos socialmente não acabou, e muitos estudiosos já se preparam para novas relações a partir do esperado boom da Inteligência Artificial na Revolução 4.0. Mas eu não arriscaria um bitcoin para prever qual será nosso novo formato, porque, a cada ano, deixo de acreditar cada vez mais em previsões. Comprei o bitcoin que tenho por 15 mil dólares no começo de 2018 e hoje ele vale pouco mais de 10 mil dólares (essa avaliação é de julho de 2019: espero que no momento da sua leitura o valor tenha aumentado novamente para eu recuperar o prejuízo).

3.1 Tinder: responsável ou consequência da mudança nas relações?

Se a sociedade não tivesse mudado a forma de se relacionar ao longo dos anos, o Tinder jamais seria o aplicativo de relacionamento mais baixado do mundo. Meus avós nasceram no começo do século passado, na Itália. Moraram a vida inteira na mesma cidade, Savona, no norte do país – com aproximadamente 20 mil habitantes à época, hoje tem 60 mil. Trabalhavam como professores e, aos seus 20 e poucos anos, se casaram e se apaixonaram. Passaram a vida juntos. Não teria como ser diferente.

Naquela época não existia tecnologia que nos permitisse conhecer novas pessoas. Não existia mobilidade acessível que nos proporcionasse explorar novos territórios com facilidade. A urbanização ainda não era um fenômeno e, por consequência, as cidades eram menores. O mais comum era conhecer alguém do próprio círculo social, muito possivelmente um colega de trabalho, um amigo de um amigo ou, de forma geral, alguém bem próximo ao próprio círculo.

Tenho para mim que se as previsões de futuro se baseassem apenas em números e projeções financeiras do mercado, elas nunca seriam capazes de abranger a mudança do mundo. Até porque olhar para uma tendência de crescimento e poder determinar com assertividade que ela será mantida é como investir em imóvel nos Estados Unidos antes da crise de 2008: a bolha pode explodir. Ou, como mencionei antes, é igual a investir em bitcoin no final de 2017 para depois ver o valor da criptomoeda despencar.

Poderia ter sido simples (e simplista demais) para os fundadores do Tinder olharem para a tendência de crescimento dos solteiros na população total – hoje representam em torno de 45% da população adulta dos Estados Unidos, ao passo que eram 20% da população adulta na década de 1960 – e dizer: "existe demanda para nossa solução". A verdade é que vai muito além disso e em aspectos muito mais profundos e detalhistas. Eles foram fundamentais para que o Tinder pudesse se destacar nesse cenário.

A primeira delas era a força que as plataformas de relacionamento ganhavam à medida que mais pessoas estavam on-line. Já existiam à época as mais diversas plataformas para namoros virtuais considerando públicos e nichos distintos. Os casos de namoro nascido pela internet que evoluíam para casamento ajudavam a quebrar as restrições que muitas pessoas costumavam ter. Até que, em 2013, ano de lançamento do Tinder, uma pesquisa interna apontava que 60% das pessoas entrevistadas acreditavam que uma plataforma de relacionamentos por geolocalização e interesses comuns seria uma boa solução. Esse era mais um entre os sinais de que tinha chegado a hora. Afinal, as barreiras para adoção já estavam mais baixas.

Precisávamos também de um aplicativo focado no público feminino: o número de mulheres solteiras cresce com uma correlação muito alta à medida que aumenta a presença deste grupo no mercado de trabalho. Dados analisados desde 1950 mostram que a vida moderna e suas demandas profissionais contribuíram para uma mudança de organização social e do papel da mulher na sociedade. No entanto, as plataformas que existiam até o momento eram pouco amigáveis a elas. Pela lógica, essas plataformas permitiam que todos escrevessem para quem achassem interessante, o que fazia as mulheres receberem muitas mensagens de pessoas com as quais não tinham afinidade: afinal, pesquisas mostram que costumam ser os homens que tomam a iniciativa no app. E, à medida que elas deixavam de retornar e abandonavam a plataforma, eles também deixavam de ver sentido nela. O Match.com acumulou muitos anos investindo em plataformas de relacionamento on-line para enfim concluir que as mulheres são, então, o melhor público-alvo para esse tipo de serviço. Esse foco é abraçado de forma ainda mais clara hoje pelo Bumble, app de relacionamento americano que hoje é forte competidor do Tinder, pois, justamente após o *match*, apenas as mulheres podem mandar a primeira mensagem.

Pensar as pessoas e como elas se organizam é sempre uma das prioridades que levo para as minhas tomadas de decisão, porque me permite olhar com mais abrangência para as tendências que surgem a todo o tempo. Isso as máquinas não fazem. Elas não conseguem mapear as mudanças de comportamento da sociedade que tornam determinados momentos ideais para o lançamento de alguns produtos, pois focam principalmente nos números. Não teriam, igual ao Mocumbi, a sensibilidade de deixar de lado os números e decifrar uma tendência a partir da observação empírica.

Mas não posso ignorar que os números são fundamentais para consolidar essas observações de mundo e foram eles que nos ajudaram a seguir em frente com estratégias que potencializaram o Tinder. A penetração de smartphones sobre a população total cresceu exponencialmente na última década, por exemplo. Se em 2008 havia menos de 2 milhões de smartphones no Brasil, esse número cresceu vertiginosamente até chegar a praticamente um smartphone ativo por pessoa no país em 2018. Assim, os dados eram evidentes e mostravam que o desenvolvimento de um produto *mobile first* era um caminho sem volta. Mas muitos concorrentes à época não reagiram a essa tendência, e ficaram focados em melhorar a performance do próprio site.

Além disso, e aparentemente sem ter um relacionamento claro entre os fatos, a crise econômica global de 2008 e os rastros que ela deixou na economia global na década seguinte ajudaram na alavancagem da categoria de namoro on-line – e ainda mais na adoção do Tinder. Isso porque uma crise reduz o consumo, mas não os relacionamentos: em 2008, no auge da crise financeira global, o Match.com, site pioneiro e dono atual do Tinder, declarou que teve o melhor terceiro trimestre dos últimos sete anos. Foi quando resolveram estudar os fatores que provocavam esse crescimento. Entre eles, estavam:

1. O desemprego, que aumentava a disponibilidade de tempo das pessoas para usarem essas plataformas.
2. A instabilidade, que também aumentava a busca das pessoas pelo conforto que elas encontravam em um relacionamento.
3. Relacionamentos são mais econômicos do que a vida de festa de solteiros; sendo uma diferença de valor que se pagava facilmente pelo uso do site na sua versão gratuita ou até mesmo com uma assinatura mensal pequena, a partir de 25 reais, por exemplo.

Houve quem responsabilizasse o Tinder pelas mudanças sociais, especialmente no que tange ao relacionamento humano. No entanto, quando ampliamos o cenário de visão, percebemos que muitas delas já acontecem desde o fim da Guerra Fria (com o forte aumento da mulher no mercado de trabalho), a globalização e o "encurtamento das distâncias". O sociólogo polonês Zygmunt Bauman foi, inclusive, um dos principais pesquisadores a explicar esse fenômeno da nossa época.

Partindo do pressuposto de que vivemos no passado um período de modernidade sólida – associada a conceitos de comunidade e laços de identificação entre as pessoas, gerando perenidade e segurança –, ele defende a chegada da modernidade líquida. Provocada por mudanças ocorridas na segunda metade do século XX, que englobam a instabilidade econômica mundial, o surgimento de novas tecnologias e a globalização, a modernidade líquida diz respeito a um período em que há a perda da ideia de controle sobre os processos do mundo, trazendo incertezas sobre nossa capacidade de nos adequarmos a novos padrões sociais que se liquefazem e mudam constantemente.

Assim, tudo se torna líquido, fluido, sem forma definida: trabalho, família, engajamento político, amor, amizade e até mesmo a própria identidade. A nova forma de se relacionar com o mundo, por sua vez, provoca angústia, ansiedade constante e o medo líquido: medo do desemprego, da violência, do terrorismo, de ficar para trás, de perder algo importante, de não se encaixar em um mundo que corre com muita rapidez.

No que vai além da teoria e diz sobre as ferramentas: o que existe hoje no mundo que é mais encurtador de distâncias do que o Tinder, Facebook, Instagram e as outras grandes plataformas sociais? Ou mesmo todas as ferramentas digitais de comunicação, sejam os produtos (como o smartphone) ou aplicações (como o WhatsApp)?

Como contei, cresci em uma pequena cidade da Itália, perto de Gênova. Meu círculo de amigos e conhecidos sempre foi muito restrito e foi na adolescência que ganhei meu primeiro telefone celular. Era um Nokia 3310, aquele indestrutível, com bateria que durava vários dias e cuja melhor coisa era o jogo da minhoca. Com ele comecei a me comunicar via SMS com alguns amigos que moravam em Milão e que passavam a temporada de verão na minha cidade. Quando eu me mudei para Milão para fazer a faculdade, o Facebook estava começando, e confesso que aderi à onda um pouco tarde. Hoje, por meio do LinkedIn, do Instagram e de outras redes sociais, consigo me comunicar com milhares de pessoas que fazem parte da minha lista de "amigos". Mas será que essa proximidade é verdadeira?

O mundo digital e as redes sociais nos colocam dentro da vida de muitas pessoas simultaneamente. Sabemos onde comem, como se vestem e a que horas acordam, mesmo quando mal as conhecemos na vida real. Mas opinamos, julgamos, aconselhamos e interagimos como se nos conhecêssemos desde a infância. Esse conteúdo se renova a todo segundo e mantém atualizado o looping infinito do feed, nos fazendo passar mais e mais tempo on-line. Por trás do que acontece em pratos bonitos e paisagens exuberantes, pouco sabemos. E não por acaso nos assustamos quando descobrimos ali uma vida cheia de ansiolíticos, antidepressivos e solidão.

Esse novo estilo de vida e de consumo de conteúdo não acontece sem deixar marcas. O psicólogo Barry Schwartz realizou um estudo em que mostra como acontece o fenômeno que ele chama de *choice overload*, ou sobrecarga de escolhas: ter opções demais reduz a probabilidade de que seja feita uma escolha, assim como reduz nossa convicção de que a escolha que fizemos seja a mais certa. Vivemos angustiados em meio à abundância de informação.

Foi no ano 2000 que pesquisadores lançaram pela primeira vez o termo FOMO (*Fear Of Missing Out*). Ele diz respeito à ansiedade que nasce de pensar que algo mais interessante do que você está fazendo agora possa estar acontecendo em outro lugar, e que você esteja ficando por fora. É o medo de que outras pessoas tenham boas experiências que você não tem. E, como consequência, incentiva os usuários a ficarem sempre conectados para saberem de tudo e compartilharem novidades com os outros. Trata-se de uma angústia social que, de acordo com pesquisa realizada pela Mashable, já atinge 56% dos usuários de redes sociais em todo o mundo. O FOMO é uma sensação que nunca se satisfaz, mas se retroalimenta em um círculo vicioso. Quanto mais vê, mais você deseja ver, fazer parte daquilo que está na sua tela.

Os aplicativos, em geral, usam bastante os princípios de neurociência e psicologia para manter bem-alimentado esse vício no uso. Afinal, a maior métrica de sucesso de um aplicativo é o engajamento que ele provoca: a quantidade de pessoas que baixa e realmente utiliza, interage e compartilha seu uso, fornecendo conteúdo próprio para que a plataforma fique mais interessante.

E se a economia, a tecnologia e a globalização conseguiram provocar tantas mudanças na forma como nos relacionamos nas últimas décadas, como diz Bauman, qual papel teriam essas ferramentas (Facebook, Instagram e Tinder, entre outros) na construção de quem somos e como agimos hoje? O Tinder é responsável ou apenas uma consequência da mudança nas relações humanas? Isso só o futuro nos contará.

3.2 As grandes empresas de tecnologia são especialistas em comportamento humano

O sucesso do Tinder está diretamente ligado a conhecer o comportamento humano. Para oferecer soluções efetivas para as pessoas, é preciso conhecê-las profundamente, e essa foi a aposta do Tinder e de tantos outros apps de sucesso. Não se trata apenas de entender de algoritmos, programação e desenvolvimento de software. É preciso ter uma visão holística do negócio, começando por entender as pessoas e suas necessidades e sabendo pular com naturalidade entre as várias áreas de conhecimento – como psicologia, sociologia e antropologia – para criar um produto ou uma solução completa. A resposta a essas perguntas não está nos laboratórios de Tecnologia da Informação.

Sair um pouco do mundo dos algoritmos e aprofundar-se nas relações humanas foi uma maneira assertiva que o Tinder encontrou para desenvolver um produto que realmente gera valor para os usuários. Não por acaso, uma das primeiras contratações do Tinder foi uma socióloga, a Jessica Carbino. Ela foi contratada depois de dar *match* com o fundador do Tinder, Sean Rad. Faltou química durante o primeiro *date*, mas sobrou interesse pela dissertação dela, dedicada aos relacionamentos na era moderna. Você pode ver como a vida sempre nos surpreende, não é?

Também não é à toa que o time do Snapchat também contava com um sociólogo, Nathan Jorgenson, que estuda como a fotografia se encaixa em nossa cultura. Sociólogos, antropólogos e neurocientistas estão por todas as partes em grandes empresas de tecnologia. E a razão é clara: precisaremos cada vez mais de quem faça o que as máquinas não fazem, como pensar criticamente e trazer conhecimento de múltiplas áreas do saber.

Um projeto interessante que mostra como as grandes empresas de tecnologia estão se abrindo a esse mundo das ciências sociais é o projeto Social Science One, uma comissão de pesquisa independente que o cientista político Gary King, do Instituto de Ciências Sociais Quantitativas da Universidade de Harvard, cofundou em abril de 2018 para dar aos cientistas sociais um acesso sem precedentes aos dados dentro do Facebook e – um dia, ele espera – a outras empresas privadas com dados de usuários cientificamente valiosos. O objetivo da comissão é entender como o efeito da viralização de informação e desinformação no Facebook está impactando as eleições e a democracia ao redor do mundo. Para isso, é fundamental definir melhor o conceito de *fake news*, e se é possível criar regras para categorizar as notícias como verdadeiras ou falsas – regras que possam ser compartilhadas com outras pessoas, plataformas, algoritmos, e que possam ser aplicadas universalmente.

Iniciativas como essas, e a formação de times de especialistas em ciências sociais, fazem das empresas de tecnologia de hoje em dia verdadeiras especialistas em comportamento humano.

3.3 O consumidor ao centro da transformação digital

O motivo número 1 para o fracasso de startups em todo o mundo é a falta de demanda suficiente para um determinado produto ou serviço. Essa é a justificativa apontada em 42% dos casos, de acordo com a CB Insights, muito maior do que a falta de dinheiro (29%), problemas com a equipe (23%), perda de competitividade (19%) ou problemas com preços/custos (18%) ou com a qualidade do produto (17%). E é também um erro básico que não podemos nos dar o luxo de cometer. Se voltarmos lá atrás, veremos que o primeiro pilar do modelo de inovação é que haja demanda suficiente para que sua solução seja inovadora. Falando dessa forma, parece até bastante óbvio, mas os dados indicam que não é algo tão simples assim.

Para não entrarmos nesse grupo majoritário, precisamos ser verdadeiros especialistas em comportamento humano e entender profundamente as demandas e anseios dos consumidores. Mas de qual consumidor estamos falando? Até o século passado, o consumo era baseado na necessidade, uma lógica que faz menos sentido hoje em dia, sobretudo se levarmos em conta o bombardeio de informações e publicidade – ao qual estamos sendo submetidos todos os dias – e a multiplicidade de opções de escolha. Até o século XIX, os artesãos se esforçavam para criar produtos para suprir as necessidades que eram demandadas pelos consumidores.

Essa lógica mudou graças ao surgimento da eletricidade e à lógica da produção em massa nas fábricas, que passaram a produzir uma quantidade enorme de mercadoria barata e idêntica. Um símbolo dessa era é a linha de montagem do Ford T nas fábricas de Henry Ford. Com o passar do tempo e a modernização das máquinas, ficou claro que as fábricas tinham a capacidade de produzir muito mais do que os consumidores tinham de consumir. No entanto, para aumentar o consumo, a estratégia do capitalismo passou a ser a de não investir somente em produtos mais práticos, mas também diferentes, bonitos, atraentes. Ou seja, além de criar o produto, um dos focos era criar a necessidade de consumir aquele produto. O Ford T que saía das fábricas era sempre preto. Com o passar do tempo, os carros ganharam cores, designs diferentes, itens de série. Alfred Sloan, o CEO da General Motors – uma das maiores fabricantes de automóveis no mundo – reconheceu que, ao trocar o estilo e cor de um carro todo ano, os consumidores poderiam ser incentivados a desejar novas versões desse mesmo produto, mesmo que não houvesse a necessidade de comprar um carro novo.

Essa fase de transição do "consumo pela necessidade" para a "necessidade do consumo" foi possibilitada, principalmente, por dois fatores principais. O primeiro deles é a obsolescência programada, ou seja, a criação intencional de produtos que se fazem funcionais por um curto período de tempo, induzindo recorrência nas compras. Essa foi uma verdadeira virada de chave na história da indústria mundial. Quantas vezes você já precisou trocar uma lâmpada na sua casa? No final do século XIX, o norte-americano Thomas Edison conseguiu criar um modelo comercializável da lâmpada elétrica, que logo se tornou uma febre em todo mundo. Em 1901, uma dessas lâmpadas foi parar em uma unidade do Corpo de Bombeiros em uma cidadezinha na Califórnia. Está acesa até hoje, 118 anos depois. A Lâmpada Centenária, como é conhecida, ganhou página no Facebook e é gravada diariamente por uma câmera que acompanha se ela continua "viva" – ah, e tem filamentos oito vezes mais grossos do que as lâmpadas que são comercializadas hoje em dia.

O segundo fator é a criação do desejo e da necessidade por meio do marketing e da propaganda. Tão essencial quanto o próprio produto, ou até mais, é a sua estratégia de venda. A máquina da propaganda busca entender o consumidor para suscitar nele emoções que o levem a enxergar necessidade de consumo sobre um determinado produto. Elevar algo ao patamar do desejo, como objeto de admiração, é uma das criações da indústria da propaganda e do marketing moderno.

Esses dois fatores citados acima ilustram bem a mudança pela qual a humanidade passou nos últimos séculos, da Revolução Industrial à Revolução 4.0. O foco central da indústria passou do produto para as demandas do consumidor.

3.4 Geração Z: a geração da verdade

No entanto, estamos notando um processo de mudança radical nesse aspecto, sobretudo nos últimos anos: a Geração Z. Nativos digitais, os nascidos entre 1994 e 2010 são considerados os mais conscientes porque, por meio da tecnologia, cresceram em um ambiente de acesso praticamente ilimitado à informação e não aceitam o que não é verdade. Ou seja, são mais resistentes à lógica que guiou as gerações anteriores, da fabricação da necessidade de consumo.

A Era da Informação criou um volume de conteúdo muito maior do que conseguimos consumir, e com um acesso muito fácil. Segundo a IDC (International Data Corporation), o universo digital dobra a cada dois anos. Em 2012, a organização estimou que, se toda a informação digital do mundo fosse armazenada em iPads – com capacidade de armazenamento de 128 gigabytes – até 2020 teremos uma pilha 6,6 vezes maior que a distância entre a Terra e a Lua, que é de 384 mil quilômetros.

Uma das consequências diretas desse maior acesso à informação é a negação das mensagens de propaganda e marketing tradicionais. Uma pesquisa de 2018 mostra que 65% dos usuários no YouTube pulam os anúncios de vídeos (84% no mobile), e que os *ad blockers*, bloqueadores de anúncios, estão presentes em 27% dos aparelhos, justamente para evitar esse contato massivo com a publicidade a todo o momento.

A principal diferença da Geração Z para as demais é que esses jovens, nascidos após 1994, cresceram em um ambiente já com forte presença da internet, das redes sociais e dos smartphones. Enquanto as gerações anteriores tiveram que se educar para essa nova realidade, esses jovens não conhecem um mundo sem acesso à internet. Essa relação umbilical criou uma geração hipercognitiva, que cresceu coletando informações e referências de múltiplas fontes, integrando experiências on-line e off-line, compartilhando as próprias experiências e, principalmente, sendo ouvida nesses ambientes.

No Brasil, a Geração Z representa nada menos do que 20% da população. Ou seja, um mercado enorme, de cerca de 40 milhões de pessoas, com características muito peculiares e que afetam extremamente seus hábitos de consumo e a forma como elas se relacionam com as marcas. As peculiaridades da Geração Z acabam conectadas a uma característica principal: a busca pela verdade. Eles valorizam expressão individual e evitam rótulos. Esses elementos trazem três implicações principais para as empresas no que concerne aos hábitos de consumo: consumo como acesso em vez de posse; consumo como tema de preocupação ética; e consumo como expressão da identidade individual.

Particularmente, este último aspecto está fortemente relacionado à rejeição do marketing tradicional: sendo o cerne da Geração Z a ideia de manifestar a própria identidade individual, o consumo em si se torna uma forma de expressão – ao contrário, por exemplo, de comprar ou vestir marcas para pertencer a grupos. Por isso esses jovens valorizam produtos e experiências mais personalizadas, assim como estão dispostos a pagar mais por elas.

Nesse cenário, especialistas em marketing que buscam se atualizar têm, acima de tudo, um grande desafio: a busca pela atenção. Essa é a verdadeira métrica do sucesso. Com a abundância de informação, um espírito pouco interessado nos modos com os quais as marcas tradicionais se comunicam e um tanto de *ad blockers* pela frente, o marketing tem se acostumado a celebrar campanhas em que conseguem 1% de taxa de clique nos sites como sendo um sucesso. Mas como conversar com esses outros 99% que poderiam ter sido alcançados? Como preparar um negócio para lidar com os hábitos de consumo dessa nova geração?

3.5 Seus clientes fiéis sabem mais sobre seu negócio do que você

Há um debate sobre o papel que os clientes têm ou deveriam ter no desenvolvimento de produtos dentro de uma empresa. Steve Jobs costumava dizer que grupos focais com consumidores costumavam dar resultados terríveis. Para ele, as pessoas não sabiam muito bem o que queriam até que as empresas apresentassem uma solução pronta.

Mas há estudos do MIT (Massachusetts Institute of Technology) que mostram que os consumidores têm sim papel relevante no desenvolvimento de novas soluções. Uma pesquisa coordenada pelo professor Eric Von Hippel com 1.193 inovações comerciais de sucesso em 9 indústrias diferentes revelou que em 60% delas os consumidores tiveram papel de destaque. Outra conclusão da pesquisa foi que utilizar contribuições de usuários pode ser uma ação bastante válida, sobretudo em momentos de hiato de inovação.

As empresas devem valorizar os canais de comunicação com seus clientes porque há ali um manancial de informações que podem se tornar bastante úteis para o desenvolvimento de novas ferramentas ou processos. Isso porque, provavelmente, seus clientes fiéis entendem mais sobre as próprias necessidades do que você, sabem mais sobre sua empresa e conhecem mais sobre seus produtos do que você.

Notar o que seus usuários dizem e falam nos ambientes digitais também é um caminho sem volta, principalmente para quem não quer deixar de inovar. O Tinder se tornou um dos aplicativos mais rentáveis em todo o mundo a partir de um serviço de assinatura, o Tinder Plus, que foi introduzido em 2015. Entre as funcionalidades premium para os assinantes estava a possibilidade de mudar sua localização no app, e a inspiração para isso veio da observação de mudança de comportamento de alguns usuários, que "hackeavam" a localização onde estavam por meio de ferramentas de *fake* GPS no celular, para, assim, se conectarem com pessoas de outros lugares no mundo. Essa observação foi um dos fatores que contribuíram para o lançamento do Tinder Passport: um serviço disponível apenas para quem assina o Tinder Plus e que tem sido utilizado até mesmo para planejar viagens e estabelecer contatos com pessoas que vivem em outras cidades. Dessa forma, mais que um aplicativo de "paquera", o Tinder se tornou um serviço que facilita a conexão entre pessoas com afinidades parecidas. Afinal, é muito melhor receber dicas de pessoas locais com gostos parecidos com os seus sobre um restaurante em Austin, no Texas, do que garimpar todas as opções disponíveis e avaliadas em outros serviços, como o TripAdvisor, por exemplo.

Provavelmente não existe empresa que tenha sido tão bem-sucedida ao construir o próprio negócio em torno do cliente quanto a Amazon. Jeff Bezos já expressou isso na famosa carta aos investidores de 1997, quando a companhia fez a própria IPO, que iria continuar a focar implacavelmente nos próprios clientes, fato que ele costuma lembrar em entrevistas e palestras.

Existe uma distinção entre empresas que são centradas nos clientes e aquelas que são amigas destes, segundo explicação do Dr. Peter Fader, renomado professor da Wharton School. Para ele, por exemplo, a Apple e a Starbucks são empresas amigas dos consumidores, ao passo que a Amazon seria uma empresa realmente centrada nestes.

Uma boa explicação para essa distinção é que, com o marketing amigável, as marcas se perguntam: "o que beneficia meus clientes?".

Por outro lado, no marketing centrado no cliente, a questão muda para: "o que ganhamos de nossos clientes?". Neste último caso, as marcas se esforçam para fazer com que cada cliente se sinta parte da estratégia de marketing. Assim, elas conseguem crescer nos bons e nos maus momentos e aumentam sua rentabilidade, já que foram absorvidas dentro da vida dos consumidores.

> "Nós vemos nossos clientes como os convidados de uma festa da qual somos os anfitriões. É nosso trabalho diário fazer com que cada aspecto importante da experiência do cliente seja um pouco melhor."
>
> *Jeff Bezos*

E como a Amazon faz isso? Foi por volta do ano 2000 que ela decidiu implementar a estratégia "o melhor serviço é não precisar de serviço", colocando como pilares os preços baixos e valores como "rápido e fácil". Assim, o objetivo é que a jornada do cliente aconteça sempre sem atrito: é possível comprar com um único clique e acompanhar feedbacks honestos que os usuários deixam na página dos produtos. A entrega é rápida e o atendimento resolve problemas com poucas perguntas.

Para fazer todos esses passos acontecerem, a Amazon coloca a experiência de compra do seu consumidor como ponto de partida para identificar gargalos e oportunidades – seja por meio de Big Data ou mesmo pesquisas realizadas na rua e grupos focais. Todas essas informações se cruzam para entender a real necessidade do cliente. Com esses insumos e essa estratégia por trás, a Amazon desenvolve ofertas de produtos que resolvem problemas e moldam seu mercado específico. Simbolicamente (mas não só), o Jeff Bezos costuma sempre deixar uma cadeira vazia nas salas de reunião para representar o cliente, que ele chama de "pessoa mais importante da sala".

Assim, a compreensão dos hábitos de compra dos consumidores levou à criação de um novo e inovador modelo de negócios, mantendo ao mesmo tempo a posição da empresa como líder de satisfação do cliente. Com o usuário no centro, sua distância diante de concorrentes se tornou quase inatingível – e e o seu crescimento, também insuperável.

3.6 Traga essa competência para dentro da sua empresa

Empresas de tecnologia da informação estão cada vez mais abertas para contratarem profissionais pensantes e criativos, como os da área de Humanas, mas você não precisa ser antropólogo, sociólogo ou psicólogo para ser considerado um especialista em comportamento humano.

Pensadores como Leonardo da Vinci, que já mencionei inicialmente como a quintessência da flexibilidade cognitiva, possuíam traços em comum: a inspiração criativa vinha da busca de novas experiências e da observação do comportamento humano. Era com elas e ligando os mais diversos pontos que ele se destacava na ciência e nas artes. E essas qualidades são muito parecidas com as de profissionais que estão se destacando na Era 4.0, com a diferença de que eles ainda têm uma tecnologia avançada com o apoio para pesquisas, insights e tomadas de decisão.

Vou propor um exercício para você: se hoje fosse convidado para assumir a estratégia global do Tinder e, baseado nas orientações de seu mentor, Jeff Bezos, olhasse para o seu concorrente, para quem você olharia?

Ser um especialista em comportamento humano é notar tendências mesmo quando elas não estão relacionadas ao seu business. A maior ameaça ao Tinder hoje não é outra plataforma de encontros, como o Bumble, Happn ou Badoo, mas o Instagram, uma rede social de compartilhamento de fotos.

Apesar de ter sido idealizada, em um primeiro momento, para captar e compartilhar os instantes das nossas vidas, o Instagram foi ressignificado pelos usuários. Ele é também uma ferramenta para editar nossas vidas, mostrando recortes do que gostaríamos de ser. É uma ferramenta de influência social, hierarquizando as contas pelo nível de engajamento e influência que conseguem de seus seguidores. É uma ferramenta de venda, sendo um dos melhores e-commerces para itens de moda e beleza, justamente por ser essencialmente visual. E é uma ferramenta de paquera. Ou você acha que aquele like que recebeu na foto que tirou na praia há um ano e meio atrás foi por acaso? Embora sejam idealizadas, a princípio, para determinado fim, as ferramentas se alteram à medida que são apropriadas pela sociedade. E assim nossos negócios mudam o tempo todo.

CAPÍTULO 4

PENSAMENTO CRÍTICO

Shoshin (do japonês, ししん): mente de iniciante.

Certa vez, um professor foi até um mestre e lhe pediu para explicar o significado profundo do Zen. O mestre silenciosamente serviu chá em uma taça. Mesmo com a taça cheia, ele continuou a servir. O professor não se segurou mais e perguntou impacientemente para o mestre: "Por que você continua servindo o chá mesmo a taça estando cheia?". "Eu quero te mostrar" – disse o mestre – "que a sua mente se parece agora com essa taça quando você tenta entender o Zen. É preciso primeiro esvaziar a sua mente de preconceitos antes de tentar entender o Zen".

O monge budista Shunryu Suzuki costumava dizer que "se a sua mente estiver vazia, está pronta e aberta para qualquer coisa. Na mente do iniciante existem muitas possibilidades, mas na mente do expert existem poucas". Paradoxalmente, esse ditado budista nunca foi mais atual do que hoje em meio à transformação digital. A rapidez com que as coisas mudam e novidades aparecem faz com que a gente se depare constantemente com coisas que teríamos considerado "impossíveis" até pouco tempo atrás.

> Quem teria apostado, vinte anos atrás, que teríamos como medir a qualidade do nosso sono por meio de um relógio inteligente?
>
> Quem teria acreditado, dez anos atrás, que você poderia ficar lendo ao volante enquanto seu carro autônomo dirige por você?
>
> Quem não consideraria loucura ter uma geladeira que faça sozinha um pedido ao supermercado à medida que a comida acaba ou estraga? E que esse pedido chegaria rapidamente à porta da sua casa?

A verdade é que, na transformação digital, essas supostas "impossibilidades" acontecerão cada vez mais. A Revolução 4.0 provocada pela interação social massiva em tempo real e onipresente entre bilhões de pessoas no planeta levou o mundo a alcançar patamares que não tínhamos alcançado antes.

Nesse ecossistema digital em constante mudança, tudo passa por um *upgrade* rápido. E, como consequência, tanto as tecnologias quanto as pessoas precisam passar por essa atualização constante para acompanhar o novo ritmo do mundo. O futuro se transformou em uma sequência infinita de atualizações, e independentemente de há quanto tempo você utiliza alguma ferramenta, esses *upgrades* constantes farão de você um novato diante de quase tudo, a todo momento.

Aqui, a obsolescência programada, que comentei anteriormente, volta com força ainda maior por meio das novas tecnologias e nos torna eternos aprendizes, mesmo quando não percebemos isso racionalmente. Estamos expostos a essas novidades constantes especialmente porque, querendo ou não, somos dependentes das novas tecnologias. Já não conseguimos viver sem um smartphone, por exemplo, e podemos, grosso modo, considerá-lo uma extensão do nosso braço e, principalmente, do nosso cérebro.

Essa dependência, embora assustadora, traz em si um aspecto positivo: nos dá a chance de enxergar as coisas com olhar de iniciante, especialmente se esvaziarmos a mente dos preconceitos que já existem a partir do acúmulo de experiências e aprendizados passados. Devemos praticar um verdadeiro minimalismo na nossa mente, evitando sobrecarregá-la de conteúdo supérfluo, desnecessário ou irrelevante, pois, como um processador de computador, ela tem uma capacidade finita, e devemos ser cuidadosos com o modo como a aproveitamos. Esse anseio nos leva a sermos mais criativos e inovadores porque nos coloca sempre em busca de uma nova resposta ou solução ao novo mundo em que vivemos.

A melhor representação dessa mente de iniciante é a mente de uma criança de 4 ou 5 anos. Estudos mostram que crianças nessa idade fazem em torno de 100 a 300 perguntas por dia. Pode parecer que fazer perguntas nessa idade seja uma brincadeira de criança, mas não é: elas são o sinal de um nível de raciocínio complexo, porque primeiramente requer um entendimento do que a gente não sabe e, em seguida, um esforço de fazer algo para compensar isso. O esforço da dúvida é inclusive mais fácil do que os outros, porque ativa regiões do cérebro ligadas aos sistemas de recompensa. Trata-se de um tipo de pensamento elaborado que nem mesmo as máquinas podem realizar, o que faz com que, no mundo da transformação digital, uma criança na primeira infância possa exercer melhor o pensamento crítico do que a Inteligência Artificial.

O raciocínio humano não é apenas combinar logicamente o conhecimento existente para chegar à solução ou à crítica de um problema. É também raciocinar além do próprio universo de repertórios e criar uma nova forma de conhecimento, ao passo que a Inteligência Artificial diz respeito à capacidade de recitar lógicas para resolver e criticar problemas a partir apenas do conhecimento existente.

Diante de um cenário de novidades constantes e com nosso cérebro refinado, temos dois caminhos para encarar o que a Revolução 4.0 nos traz. O primeiro é manter "aquela velha opinião formada sobre tudo", e o segundo, claro, virar aquela "metamorfose ambulante" por meio do exercício de uma mente iniciante e de um pensamento crítico que consiga unir as mais diversas experiências (vividas ou não) para aprender mais e sempre.

4.1 O pensamento crítico é um pensamento lento

Normalmente quando se pensa no termo "pensamento crítico", tem-se uma visão pessimista do contexto, que questiona e desacredita de tudo. Não é isso. Pode-se imaginar também uma atitude de procurar erros ou imperfeições em tudo. Também não é isso.

Especialistas apontam que o pensamento crítico existe para impedir que as tensões da sociedade provoquem padronização e passividade. Ou seja, é uma forma de olhar o mundo que identifica, ameniza ou até mesmo impede que a gente viva somente o que nos é posto no cotidiano, questionando as relações e interações humanas, históricas ou de poder que existem por baixo do que se apresenta na superfície.

O pensamento crítico requer muita observação, visão ampla e nitidez, e tem como meta impedir que a gente recorra sempre apenas às visões pessoais e falsas certezas que temos da vida. Ou seja, ele é uma atitude de desafiar o status quo das coisas e o pensamento padronizado que costuma permear uma sociedade que evoluiu valorizando mais o coletivo do que o indivíduo. De forma geral, a arte de tomar decisões demanda o pensamento crítico, que tem suas raízes em fazer perguntas.

No nosso mundo acelerado e de baixas barreiras para o uso da tecnologia, alguns sinais nos mostram que o pensamento crítico ainda terá que se desenvolver muito na sociedade atual. É tarefa nossa fazermos a nós mesmos as perguntas necessárias para exercer o pensamento crítico, mesmo que ele dê mais trabalho do que apertar um botão de "Compartilhar". Ele é fundamental para a inovação, porque é por meio de perguntas poderosas, porém básicas, como "por quê?"

ou "o que seria se...?", que se guia o processo de inovação. Afinal, a coisa mais simples e poderosa que acontece quando nos fazemos perguntas é que elas nos forçam a pensar.

Quando estamos trabalhando em questões na nossa cabeça, estamos praticando o "pensamento devagar" que o prêmio Nobel Daniel Kahneman descreve em seu livro *Rápido e devagar – duas formas de pensar* como o esforço cognitivo deliberado que tende a levar a melhores decisões, escolhas e ações. Segundo ele, nosso cérebro é composto por dois personagens que vivem em uma interação desconfortável.

O primeiro, chamado sistema 1, pensa rápido, opera automaticamente e sem esforço. É muito utilizado para realizar as tarefas rotineiras e também nos guia quando estamos cansados, estressados ou com fome. Pensamos com ele quando realizamos julgamentos, quando avaliamos se gostamos ou não de uma pessoa mesmo sem conhecê-la e quando evitamos riscos financeiros por medo de perder. Segundo o autor, o sistema 1 tende a acreditar em tudo que lhe parece familiar e se impressiona com números de amostragens pequenas. É com ele que tiramos conclusões precipitadas.

O sistema 2, por sua vez, é o pensamento devagar que requer lentidão, deliberação, raciocínio e concentração. É ele o responsável por duvidar das informações que recebemos e tem a habilidade de avaliação de cenários. É ele quem duvida da nossa intuição. Consegue exercer uma visão ampla quando precisa considerar riscos financeiros e duvida das histórias que escuta, mesmo quando vêm de pessoas que lhe são familiares. Para isso, ele costuma suspender o possível julgamento sobre um fato.

Esses dois sistemas geralmente entram em conflito. Nossa intuição é altamente preconceituosa, e assumimos certas coisas automaticamente sem ter pensado nelas com cuidado. Kahneman chama essas suposições de heurísticas (processos cognitivos empregados em decisões não racionais, isto é, estratégias que ignoram parte da informação com o objetivo de tornar a escolha mais fácil e rápida). O sistema 1 opera em heurísticas que podem não ser precisas, enquanto o sistema 2 requer esforço para avaliar essas heurísticas e é mais propenso a erros.

Pensar devagar dá trabalho e inconscientemente escolhemos sempre o pensar rápido, o caminho de menor resistência. É por este motivo que Daniel Kahneman defende que "a preguiça é construída profundamente em nossa natureza". Pensamos rápido para realizar tarefas de rotina e precisamos pensar lento para gerenciar tarefas complicadas.

O pensamento crítico, tema deste capítulo, não faz parte do sistema do nosso cérebro mais reativo, mas sim do pensamento lento e que requer mais esforço. É ele quem acessa nossa memória para entender melhor os cenários e evitar julgamentos. A maioria das pessoas não se dá ao trabalho de pensar em "um" problema. E é por isso que inteligência não é apenas a capacidade de raciocinar, mas também a competência de encontrar material relevante na memória e de destacar a atenção quando necessário. Na prática, é exercitar o pensamento crítico.

4.2 Tinder: o pensamento crítico na prática

Olhar para o mundo e enxergar nele apenas o status quo das coisas é fechar as portas para a inovação. Vamos lembrar que, segundo o modelo de inovação, é importante identificar oportunidades de agregar valor para clientes, e isso só pode acontecer verdadeiramente por meio do pensamento crítico, porque é nele que deslocamos nosso olhar para uma realidade diferente da que enxergamos diariamente. O mundo está repleto de lacunas a serem preenchidas pela tecnologia. E o potencial para um país grande e em desenvolvimento como o Brasil é gigantesco.

Para além de desafios estruturais, como uma boa base em educação e o desenvolvimento de novas tecnologias, temos no Brasil também uma questão inerente à inovação em qualquer país: saber propor soluções efetivas para essas lacunas presentes na sociedade. Segundo relatório sobre a economia digital lançada pela McKinsey em 2019, o Brasil é um país com alguns dos consumidores digitais mais ávidos do mundo, mas ainda não sabe transformar essa habilidade da melhor forma em negócios e emprego. E o primeiro passo para enxergar essas lacunas é por meio do pensamento crítico. Startups de sucesso geralmente propõem preencher um vazio ou substituir um modelo estabelecido tradicionalmente que não resolve as verdadeiras necessidades das pessoas.

Já existiam dezenas de sites de relacionamento disponíveis no mundo quando o Tinder surgiu, seis anos atrás. Mas ele desafiou todos eles introduzindo 5 pequenos ajustes que renderam um produto extremamente inovador.

1. ***Swipe:*** o Tinder trouxe do mundo dos games um recurso valioso para o seu aplicativo: o *swipe*, ou seja, a possibilidade de deslizar a tela à medida que o usuário interage com o aplicativo. Deslizar para a direita diz ao aplicativo que você curtiu o perfil de outro usuário; ao passo que, para a esquerda, diz o oposto: que você rejeitou aquele perfil. Quando dois usuários dão *swipe* para a direita, há o *match*. O recurso dá um toque de gamificação e faz as pessoas passarem mais tempo na plataforma – além de gerar dados valiosos sobre a interação com o app. Não é por acaso que algumas pessoas já me disseram que usam o Tinder para pegar no sono! Para muitos, ele é mesmo como um jogo.
2. ***Match***: outro pequeno ajuste que quebrou um paradigma da indústria de sites de relacionamento em busca de uma experiência melhor para os usuários, em especial para as mulheres. Vamos pensar no mecanismo sem *match*: como contei anteriormente, em outros sites você podia enviar uma mensagem diretamente para uma pessoa por quem havia se interessado, mas estava atirando no escuro. Nada garantia que o interesse

era recíproco – na maioria das vezes seu alvo não via nenhuma conexão e preferia não ter recebido aquela mensagem! E o contrário também era verdade. O que acabava acontecendo? Em particular as mulheres acabavam recebendo dezenas de mensagens de pessoas com quem não tinham afinidade, e acabavam abandonando a plataforma. Do outro lado, os homens não recebiam respostas para a maioria de suas mensagens, se frustravam e também abandonavam a plataforma. A experiência do usuário, portanto, estava ruim, e a retenção, por consequência, lá embaixo. O mecanismo de *match* permitiu que somente 2 pessoas que se curtissem mutuamente pudessem conversar, e isso mudou totalmente o cenário dos relacionamentos on-line.

3. **Like anônimo**: não é intuitivo, mas você já pensou que, no Tinder, você sempre vai saber quando alguém gosta do seu perfil, mas nunca vai saber quando alguém não gosta? Se você der um like e nada acontecer, pode ser que a outra pessoa simplesmente ainda não tenha visto seu perfil. E isso é totalmente diferente do que acontece na vida real. Ou seja, quando aborda uma pessoa, o seu "não" e o "sim" são instantâneos e você pode colecionar vários "foras". Com o Tinder, a chance de isso acontecer é infinitamente menor, porque vocês já se conheceram antes. Eu fico chateado quando puxo assunto com alguém em um bar à noite, por exemplo, e sou rapidamente dispensado. Levei o famoso fora! Quem não ficaria arrasado? Então, com esse mecanismo, o Tinder criou um ecossistema onde conhecer pessoas novas não gera o mesmo medo da rejeição como acontece na vida real. E isso reduz as barreiras e ajuda muito os tímidos e os introvertidos. Bom, na verdade ajuda todo mundo.

4. **Cadastro rápido**: você já usou um site antigo de relacionamento? Se sim, deve se lembrar que, para poder criar seu perfil, quase precisava desmarcar os compromissos do dia

para completar todos os campos de cadastro da plataforma. Brincadeiras à parte, criar um novo perfil consumia bastante tempo, pois era necessário inserir muitas informações obrigatórias e que, inclusive, limitavam bastante as opções de busca. Era, e ainda é na maioria desses sites, necessário colocar uma descrição do próprio tipo físico, por exemplo, ou qual a frequência com que você bebe, qual é sua religião e até qual é a própria renda mensal(!). As mesmas características, e outras, eram pré-selecionadas do lado do seu parceiro(a). No entanto, a vida de lá para cá acelerou bastante e as pessoas já não têm tempo ou disponibilidade para dedicar muito tempo às tarefas burocráticas. Além disso, colocar tantos requisitos para a entrada era limitar as opções de conhecer gente nova. Percebendo essa mudança, o Tinder permitiu que um usuário criasse seu perfil em menos de um minuto, conectando sua conta do Facebook e absorvendo dali apenas as informações cruciais para um bom *match*.

5. **100% mobile**: comentei antes sobre como os dados sobre penetração de smartphones no mercado davam o tom à nova tendência que estava chegando. Mas o Tinder soube agir com excelência em relação a essa demanda, lançando no mercado um produto 100% mobile, simples e divertido.

Todos esses pontos foram resultado de um pensamento crítico que desafiou o lugar-comum da indústria e que resolveu dores evidentes dos usuários.

4.3 O método socrático para desafiar o status quo

Certa vez na Grécia antiga, Querofonte, amigo do filósofo Sócrates, foi até a cidade de Delfos para fazer uma pergunta para a pitonisa, uma sacerdotisa inspirada por Apolo, divindade do mundo grego. O templo foi construído justamente em homenagem a Apolo em cima de uma fenda que emanava vapores do solo – eles causavam um transe na sacerdotisa que, assim, fazia profecias e respondia a viajantes que vinham de toda a Grécia. "Quem é o homem mais sábio de Atenas?", Querofonte perguntou.

A pergunta representa bem a importância que o pensamento e a sabedoria tinham para Atenas e têm ainda hoje para o mundo. Ao responder àquela pergunta, a pitonisa respondeu que o homem mais sábio de Atenas era Sócrates.

Querofonte apressou-se a contar a resposta para Sócrates, que inicialmente recusou a proclamação do oráculo, já que não se reconhecia como sábio. Mas, ao pensar melhor e perceber que todas as pessoas com quem ele dialogava se consideravam sábias e caíam invariavelmente em contradição, ele concluiu que a sacerdotisa estava certa e que era o mais sábio. Não por saber mais, mas por saber que nada sabia.

> "Ninguém de nós sabe nada de belo e de bom, mas aquele homem acredita saber alguma coisa sem sabê-la, enquanto eu, como não sei nada, estou certo de não saber."
>
> *Sócrates*

Sócrates foi praticamente o pai da filosofia ocidental moderna e o pensamento dele permanece extremamente atual. Além disso, um dos maiores tesouros que ele deixou para a humanidade foi o seu próprio método: o famoso método socrático.

O método socrático é uma forma de diálogo cooperativo e argumentativo baseado em fazer perguntas e logo respondê-las para estimular o pensamento crítico e para fazer emergir novas ideias e insights. É um método dialético que envolve uma discussão na qual a defesa de um ponto de vista é questionada: um participante pode levar o outro a se contradizer de alguma forma e, como consequência, enfraquecer a argumentação daquele que a defende. Sócrates também chamou esse método de maiêutica, que deriva do termo grego para a atividade da parteira. Segundo ele, esse questionamento era realmente uma forma de trazer à vida definições implícitas nas crenças do interlocutor.

No mundo dos negócios, a utilização desse método se faz extremamente importante, embora cada vez menos feita em meio à correria dos tempos modernos. Em um mundo de quase total acesso à informação, torna-se mais importante saber fazer perguntas sobre a informação recebida do que acreditar saber mais.

4.4 As perguntas de que seu negócio precisa

"Posso ver agora a foto que você acabou de tirar?" Jennifer Land, de apenas 3 anos, fez essa pergunta ao seu pai durante uma viagem. E isso mudou o rumo da indústria de fotografia. Era 1944, e ele não soube como responder. E decidiu inventar a tecnologia para fazer isso. Foi assim que nasceu a Polaroid, fundada pelo Edward Land, o pai da pequena Jennifer.

A pergunta inocente, com olhar de criança – ou de iniciante, voltando ao conceito que abriu este capítulo –, deu ao pai um ponto de vista diferente, que muitas vezes perdemos na vida adulta. E é por isso que perguntas contínuas, somadas à mente de iniciante, são fundamentais para fomentar a inovação por meio do pensamento crítico.

Listei a seguir algumas das minhas perguntas preferidas, que sempre levo em consideração na hora dos negócios, e que ajudaram muitas grandes empresas a ter um olhar crítico ou a desafiar crenças que podem parecer predefinidas.

> **Como podemos nos tornar a companhia que nos tira do mercado?**
> *Danny Meyer, CEO do Union Square Hospitality Group*

> **Se não estivéssemos ainda neste business, entraríamos hoje?**
> *Peter Drucker, professor e autor de gestão*

> **Quais são as implicações desta decisão nos próximos dez minutos, dez meses e dez anos?**
> *Suzy Welch, autora*

> **Estamos mudando tão rapidamente quanto o mundo em torno da gente?**
> *Gary Hamel, autor e consultor*

> **Se ninguém fosse nunca saber das minhas conquistas, eu atuaria de forma diferente?**
> *Adam Grant, autor e professor de Wharton*

> **Quem usa nossos produtos de maneiras que nunca esperaríamos?**
> *Kevin P. Koyne e Shawn T. Coyne, autores e consultores de estratégia*

> **O que deveríamos parar de fazer?**
> *Peter Drucker, professor e autor de gestão*

> **Existe alguma razão para acreditar no oposto da minha crença atual?**
> *Chip e Dan Heath, autores e professores*

> **Estou errando de forma diferente toda vez?**
> *David Kelley, fundador, IDEO*

> **Como construímos uma startup de cem anos?**
> *Phil Libin, CEO, Evernote*

O autor e jornalista Warren Berger fala do poder das perguntas em seu livro *A More Beautiful Question: The Power of Inquiry to Spark Breakthrough Ideas* [Uma pergunta mais bonita: o poder do questionamento para instigar ideias inovadoras]. Ele defende que dois tipos de perguntas não costumam ser feitas frequentemente, ou são até mesmo evitadas em projetos de inovação. As primeiras são as fundamentais, como: "por que estamos fazendo isso?" ou "o que realmente importa às pessoas?". Já as segundas são aquelas estranhas, como: "e se a gente fizesse isso ao contrário?". Isso acontece porque as companhias geralmente têm como cultura recompensar as pessoas para chegarem com respostas, nunca com perguntas.

Como mudar isso? O ponto de início é sempre a liderança, atenta a implementar uma cultura de questionamento e perguntas. As pessoas devem se sentir empoderadas para fazer perguntas sem necessariamente saberem a resposta. E, por isso, é fundamental trazer o pensamento crítico para a própria empresa.

4.5 Como desafiar o status quo nos negócios?

Especialistas em gestão de carreiras utilizam um conceito que acredito ser importante para explorarmos melhor o tema sobre pensamento crítico. Construir uma carreira em T, segundo eles, é o caminho para empregabilidade, porque alia uma visão global do negócio (horizontal) com um olhar em profundidade e especialização (vertical).

Não só um recurso para construção de carreiras, a visão em T é, para mim, a melhor referência para quem quer aprender a observar o mundo e encontrar nele as melhores oportunidades. Somos cada vez mais principiantes ao passo que a tecnologia que criamos se torna mais complexa.

Junto a isso, o mundo digital e suas bolhas têm aumentado sistematicamente a complexidade e a fragmentação das nossas relações, o que faz nossa sociedade se organizar cada vez mais em nichos – a política, a crise da globalização e a recente ressurgência de movimentos nacionalistas no mundo ocidental são bons exemplos disso. Com todo esse cenário montado, ter uma visão ampla, que lhe possibilite analisar cenários, é criar um salto enorme em relação ao pensamento automatizado – em relação às máquinas.

Ao mesmo tempo, também derrubamos uma barreira sólida que construímos há mais de mil anos: com o alcance fácil a milhares de conteúdos e informações disponíveis on-line no mundo, ninguém mais precisa ser formado em uma universidade para se tornar um especialista conceituado. O conhecimento está em todo lugar. O que o diferencia é o que você sabe fazer com ele. E aqui voltamos ao ponto que comentamos lá atrás, quando falamos sobre flexibilidade cognitiva: o conhecimento formal, sozinho, não nos leva ao sucesso se não soubermos como aplicá-lo neste admirável mundo novo. Entender um pouco sobre todas as coisas é fundamental para definir qual é o seu melhor campo de atuação. Mas também ter um conhecimento verticalizado é o que fará diferença sobre determinados pontos que você identifica como interessantes, ou aos quais vale a pena se dedicar.

> **Sempre alimente sua base horizontal e, diante das oportunidades, aprofunde as verticais.**

A certa altura vivendo no Brasil e trabalhando com digital, decidi que era a hora de começar a investir em algumas empresas que me pareciam verdadeiramente promissoras, e que minha experiência profissional poderia agregar valor a startups da área de aplicativos e soluções mobile. E fui atrás de produtos que estivessem desafiando o status quo dos mercados em que atuavam. Meu critério de escolha sempre foi o de escolher empresas cujos fundadores fossem excepcionais, mas que ao mesmo tempo já tivessem passado por fracassos (voltando novamente ao conceito de sofrimento como fonte de aprendizado), e que tivessem valores claros e alinhados com os meus. Quando encontrei pessoas que veem uma missão e um propósito nos seus próprios negócios, vi que estava pronto para fazer escolhas certas. Também opto sempre por não me apegar aos produtos e serviços escolhidos (é sempre possível pivotar, se necessário), mas me atento muito ao mercado potencial em que estão inseridos – isso já não dá para mudar. O último critério é o potencial de escalabilidade, ou seja, tudo que invisto tem que ter potencial de ganhar escala global devido às características do modelo de negócio.

No começo de 2016, me deparei no App Store com um aplicativo de meditação em português chamado Zen. Achei incrível. Naquela época, eu era já usuário de outro app de meditação dos Estados Unidos, mas estava começando a ficar enjoado por ter apenas meditações de um mesmo guia: a voz dele estava começando a me incomodar. Foi aí que eu encontrei o Zen, e ao buscar mais informações no LinkedIn sobre seus criadores, notei que, por coincidência, era um pessoal de Santos (SP) que eu já conhecia. Entrei em contato com o Christian, CEO e cofundador do Zen, e ele ficou surpreso. "Andrea, mas nós lançamos o app literalmente ontem. Você quer ser investidor, está louco?"

E foi assim que começou minha história junto à equipe do Zen. A visão em T aplicada ao Zen se concretizou com uma análise horizontal do mercado global de Bem-Estar e Saúde (*Health & Fitness*), onde se encaixa a proposta do Zen, e que movimenta 3,4 trilhões de dólares ao ano. Mais especificamente, saltou aos olhos a estatística de que o mercado específico voltado para a meditação movimenta cerca de 1 bilhão de dólares ao ano – e a expectativa é de crescimento.

A sensação que tenho é de que o Brasil ainda está descobrindo a meditação como uma ferramenta importante para a qualidade de vida, inclusive no mercado corporativo. Algumas empresas têm adotado atividades de meditação para incentivar seus colaboradores a ter um estilo de vida mais saudável, com menos ansiedade e estresse, e não são raros os relatos de líderes que dizem que essa mudança de cultura resultou em um aumento de satisfação dos trabalhadores nas pesquisas internas, e até em aumento da produtividade. Mas são poucos os casos ainda. Ao perceber uma oportunidade horizontalmente, e se identificar com ela, o time do Zen começou a escavar verticalmente. Como?

Analisando os apps existentes e encontrando uma lacuna que viria a se tornar oportunidade: percebemos que os principais serviços ofereciam meditações anônimas ou conduzidas por um único guia que acompanhava os ouvintes durante as práticas. Não sei se, por acaso, você já ouviu alguma meditação guiada pelo YouTube, mas se já o tiver feito, certamente percebeu como os comentários são cheios de pessoas que se identificaram com aquele guia: "Que voz suave!"; "Que conteúdo interessante"; "Você foi o único que conseguiu me relaxar".

Somos diversos e, especialmente em um momento de intimidade como a meditação, precisamos encontrar naquela voz um traço de identificação ou simpatia. Assim, percebemos que as pessoas desejam e precisam de um leque maior de opções para escolher o conteúdo mais apropriado para o seu momento e estado emocional. O que o time do Zen fez? Lançou, em 2016, o que consideramos ser a "Netflix da meditação", em que terceirizamos e selecionamos o conteúdo a ser distribuído em seções temáticas do app de acordo com as necessidades pontuais das pessoas. Tem até uma meditação específica que é personalizada em base em seu humor do dia. De lá para cá, já acumulamos mais de 2,5 milhões de downloads e 210 mil usuários ativos por mês, que estão espalhados em 154 países. O Zen é, hoje, líder no mercado latino-americano, e está disponível em inglês, português e espanhol. Possui avaliação 4,9/5 na App Store e foi premiado nas listas oficiais da Apple e do Google como um dos 10 melhores apps do ano de 2016. Tudo fruto de um pensamento crítico.

Dois anos depois da iniciativa com o Zen, aconteceu algo bem semelhante. Tive a oportunidade de investir no Filmr, um app de edição de vídeo. Além do fato de que todas nossas primeiras reuniões sempre eram numa sorveteria de São Paulo (eu, como bom italiano, nunca reclamei), o que me chamou a atenção foi que os gêmeos Ricardo e o Fernando, fundadores do app, aplicaram o pensamento crítico para desenvolver um produto digital fora da caixa. Em um mercado onde todos os apps de edição de vídeos seguiam um padrão horizontal, herdado dos softwares de edição de desktop, o Filmr se propôs a desafiar o status quo ao acompanhar uma tendência bem mais recente, que vem se fortalecendo com o Instagram Stories, o IGTV e outros – a edição vertical de vídeos. De fato, o Filmr é um editor mobile 100% vertical, que facilita a edição de vídeos diretamente no celular, em um propósito de democratizar a criação de vídeos de qualidade cinematográfica para todos, diretamente no próprio celular.

E por que isso é relevante? Porque o app foi pensado para uma melhor usabilidade, partindo do ponto de vista do usuário. Está entre os apps mais baixados e bem avaliados desse segmento – 4,7 estrelas na App Store – e também foi eleito como um dos melhores aplicativos do mundo pela Apple em 2017 e pelo Google em 2018.

Pensamento crítico ainda é bastante raro, mas pode ser algo bem simples. No caso do Filmr, foi a observação (crítica) das opções do mercado e o foco na usabilidade pelo consumidor. Mudou uma lógica já estabelecida no segmento, o da edição horizontal, e abriu uma nova possibilidade para o universo dos serviços digitais de edição de vídeo.

Dessas experiências, fico com o ensinamento de que não devemos, nunca, dar como certo que as empresas que estão liderando o mercado hoje em dia estejam realmente suprindo as verdadeiras demandas dos consumidores.

4.6 Os 2 maiores inimigos do pensamento crítico

Pensamento crítico e capacidade de resolução de problemas serão entre as competências mais procuradas no mercado global a partir de 2020. Essa foi a previsão de um trabalho exposto no Fórum Econômico Mundial, em 2018. Ao mesmo tempo em que essas habilidades serão (ou será que já são?) amplamente desejadas por lideranças corporativas, também serão proporcionalmente difíceis de se encontrar no mercado de trabalho.

Qual será o motivo? Pensamento crítico é um processo de descoberta. Trata-se de fazer as perguntas certas nos momentos certos para obter as respostas que estamos procurando. É, sobretudo, um processo que demanda reflexão a partir de dados, informações concretas e associações. Profissionais que desenvolvem como habilidade o pensamento crítico são mais disputados em um mercado de trabalho prestes a extinguir uma série de atividades burocráticas que estão sendo gradativamente substituídas por máquinas. Sem o trabalho puramente automático, o que restará aos profissionais é o pensamento, a capacidade de raciocínio e, sobretudo, o senso crítico. Isso a máquina ainda não é capaz de substituir.

No entanto, pelo que observo, hoje a maior parte dos colaboradores no mundo corporativo não aplica o pensamento crítico em seus processos de tomada de decisão diária, mas sim a lógica dedutiva. E há uma diferença bem grande entre elas.

A lógica dedutiva, podemos dizer, é o maior inimigo do desenvolvimento do pensamento crítico. Afinal, esse é o modelo que seguimos há séculos. Estamos todos submetidos a um sistema de ensino cartesiano e inseridos em culturas corporativas que privilegiam e, mais do que isso, estimulam a repetição da imaginação. Em certos lugares, o profissional que resolve sair da sua zona de conforto e ousar uma solução diferente da esperada é simplesmente tolhido. Essa lógica acaba atrofiando a nossa capacidade imaginativa e a habilidade do pensamento crítico, que pode ser desenvolvido por qualquer um.

O pensamento analítico é um modelo que você provavelmente aprendeu em casa ou na sua escola e que privilegia a lógica pela dedução; ou seja, você infere algo baseado em afirmações. Lembrei-me de quando convidei um colega de trabalho para treinar jiu-jítsu comigo e ele se assustou quando soube que esse é um dos meus esportes favoritos. Afinal, ele havia usado o método de dedução para chegar a algumas conclusões sobre o esporte e as pessoas que o praticam – de fato é um esporte que infelizmente ainda sofre bastante preconceito. Tínhamos um colega em comum, que vou chamar aqui de Pedro, que também luta. Pedro tem uma personalidade forte e às vezes é briguento. E, a partir dessas afirmações, o meu colega usou o método dedutivo. Afinal, segundo a sua lógica:

- Pedro luta jiu-jítsu.
- Pedro é briguento.
- Logo, todo mundo que luta jiu-jítsu é briguento.

Outra colega me contou que se deparou com uma situação bastante semelhante dentro do mundo corporativo, em seu emprego anterior. Durante uma pesquisa de mercado de um produto, ela se deparou com a seguinte afirmação: 82% dos entrevistados preferem tênis pretos.

De posse dessa informação, o analista dela concluiu durante uma reunião que precisavam logo lançar para o mercado um modelo novo de tênis preto. Afinal, ele inferiu que essa era a preferência deles.

Veja que, em ambos os casos, o pensamento foi baseado em afirmações verdadeiras, mas o raciocínio estava equivocado. Pessoas que estão muito inseridas na lógica dedutiva não conseguem raciocinar além da superfície. Elas não estão educadas para questionar as afirmações apresentadas. Pelo contrário, tomam decisão em cima de premissas que podem estar equivocadas.

Já o pensamento crítico está totalmente sustentado pela flexibilidade cognitiva. As pessoas que costumam pensar mais criticamente procuram criar e validar hipóteses e não se atentam tanto para as afirmações. O pensamento crítico é preenchido por questionamentos que ajudam a dar dimensão dos cenários complexos.

No caso da afirmação de que 82% dos entrevistados preferem tênis pretos, poderíamos pensar em algumas questões que podem estar por trás dessa frase.

- Por que preferem pretos?
- Nossos clientes fazem parte dos 18% que não preferem a cor preta?
- Quantos dos nossos clientes estão representados nesse universo majoritário?

- Temos que optar por um tênis de apenas uma cor ou podemos ter várias?
- É possível destrinchar melhor essa afirmação antes de tomarmos qualquer decisão?

Mas será que o pensamento crítico é algo tão novo assim? Se voltarmos dois séculos, nos depararemos com duas citações do jornalista americano Henry Louis Mencken: "Para todo problema complexo existe sempre uma solução simples, elegante e completamente errada". Pura verdade. E também ele costumava dizer que:

> O fato é que a educação, por si só, é uma forma de propaganda – deliberadamente, um esquema para equipar o aluno, não com capacidade para sustentar ideias, mas para simplesmente alimentá-los com ideias prontas. A intenção é criar "bons" cidadãos; ou seja, submissos e alienados.

De toda forma, o pensamento analítico não deve ser visto como um vilão. Muito pelo contrário. Em alguns casos, ele é fundamental para analisar situações ou até resolver problemas. A grande questão é a lógica dedutiva, ou seja, a inferência apesar de determinadas afirmações. Mas a lógica dedutiva não é o único inimigo. Tem mais um vilão por aí.

No ambiente de trabalho é cada vez mais fundamental manter a diversidade entre os colaboradores, por uma série de motivos. Um dos principais é certamente o fato de que diversidade traz diferentes pontos de vista para sua organização e representa melhor os anseios de uma sociedade que é essencialmente diversa. Além disso, você deve se lembrar do primeiro capítulo em que comentei que os jovens que chegam hoje ao mercado de trabalho têm a política de diversidade como um dos principais atrativos para escolher uma empresa. Isso porque, se os membros compartilharem suas habilidades em tarefas que exigem criatividade, equipes com pessoas diversas se saem melhor do que aquelas compostas de indivíduos semelhantes. A variedade de pontos de vista, experiências, conhecimentos, cultura e perspectiva pode enriquecer – e muito – a maneira como as organizações trabalham.

A percepção dos benefícios trazidos pela diversidade nas empresas vem sendo constantemente provada por meio de estudos realizados por grandes consultorias globais. O estudo *O poder da paridade*, publicado pela McKinsey, revela que empresas com alta representatividade de mulheres no comitê executivo têm melhor performance financeira, com retorno médio sobre capital 47% maior que o de seus pares, menor índice de diversidade e faturamento 55% maior. Já a Credit Suisse lançou em 2016 uma pesquisa realizada em 270 empresas que aponta que empresas que trabalham com políticas globais para o público LGBT registraram um crescimento no lucro 6,5% maior, nos últimos seis anos, comparado ao de concorrentes que desprezam a diversidade. Por fim, um estudo realizado pelo Instituto Locomotiva mostra que se o salário do negro fosse igual ao pago ao branco, aumentaríamos R$ 800 bilhões/ano em consumo no Brasil.

Com tantos dados a favor, o reconhecimento de que é preciso ter diversidade na empresa também para ter pontos de vista e opiniões diferentes ainda se apresenta como um desafio. Segundo análise realizada pela London Business School, as dificuldades existem por dois motivos principais. O primeiro é que a falta de pluralidade nos pensamentos é menos visível do que a ausência física de pessoas diversas nas equipes, por exemplo. As pessoas não costumam perceber o quanto seus pensamentos estão sempre alinhados. O segundo motivo é que as organizações criam barreiras culturais que restringem características distintas. Isso acontece porque os colaboradores gravitam em torno daqueles que pensam e se expressam de maneira semelhante, criando por fim equipes sempre muito similares.

O resultado dessas práticas que geram homogeneidade é o desenvolvimento de comportamentos que nós, seres humanos, costumamos apresentar quando estamos em grupo – situações em que somos mais impulsivos e menos racionais nas escolhas que queremos tomar em detrimento das que são escolhidas por uma grande quantidade de membros do grupo.

Estudos realizados ao longo do tempo mostram que existem dois comportamentos mais comuns nesse tipo de situação. O primeiro deles é o efeito de manada, em que um indivíduo realiza aquilo que as outras pessoas estão fazendo, muitas vezes sem parar para refletir sobre a decisão tomada. O segundo é conhecido como *groupthink*, ou pensamento de grupo, em que o indivíduo deixa de manifestar sua opinião em prol de um consenso do grupo. Este comportamento se baseia no receio de falar em público e também em voltar atrás em uma opinião.

Sabendo dos prejuízos que esses comportamentos criam em uma empresa preocupada com a inovação e criatividade, e inserida em um mercado altamente competitivo, várias empresas estão trabalhando para colocar em prática a variedade de pensamentos e, a partir dela, criar novas estruturas de trabalho. Nelas, os debates de ideias são incentivados pelos mais altos graus hierárquicos e toda a estrutura é pensada de acordo com a multiplicidade de visões: desde as contratações até as promoções, reconhecimentos e, também, programas de trainees.

CAPÍTULO 5

CRESCIMENTO SUSTENTÁVEL

O Groupon nasceu de uma forma que nos ensina muito sobre nossa capacidade de analisar cenários e nos adequarmos a eles. Ou o contrário. Foi no começo dos anos 2000 que o músico Andrew Mason, desenvolvedor de websites e também aluno do mestrado em Políticas Públicas da Universidade de Chicago, se frustrou com a empresa de TV a cabo que tinha contratado. Os canais dos pacotes fechados não o atendiam e ele desejava um plano personalizado, mas não obteve sucesso nas suas tentativas. Até aqui, nenhuma novidade para quem já está em 2019, certo?

Mas ele decidiu fazer algo diante disso: pensou que se fosse reunir uma quantidade suficiente de assinantes igualmente descontentes, poderia utilizar essa massa crítica para fazer com que a operadora desse algum retorno para suas reclamações. Algumas conversas sobre o tema o levaram até um investidor interessado: Eric Lefkofsky investiu 1 milhão de dólares para que o jovem começasse sua nova empresa, a The Point, uma espécie de mistura entre Kickstarter, Facebook e e-commerce.

O negócio não tinha um direcionamento claro e, muitas vezes, levantava campanhas sem nenhum sentido, como a de pedir bilhões de dólares para a criação de uma proteção para os ventos frios de

Chicago. Por outro lado, funcionava bem quando os usuários se uniam para comprar determinados produtos com desconto. Era pouco inspirador para o que a plataforma se propunha, mas era o que funcionava de fato.

Quando a The Point alcançou nove meses sem registrar nenhum crescimento e seus investidores consideravam tomar o prejuízo, Andrew decidiu assumir a nova direção com a dica dada pelos usuários: lançar um modelo de negócios baseado em compras coletivas. Esse é mais um exemplo de um negócio reformulado graças ao feedback e ao comportamento de seus clientes mais engajados. Surgia ali, em 2008, o Groupon, com uma oferta diária enviada por e-mail para um grupo de interessados. A primeira oferta vendeu 20 cupons de desconto para uma pizzaria próxima ao escritório da empresa. Na semana seguinte foram 500 cupons para jantar em um restaurante japonês e, em poucos meses, a empresa crescia em ritmo mais acelerado que o Google e o Facebook à época.

Baseado no modelo inovador de compra coletiva que ajuda estabelecimentos locais a conquistarem novos clientes através de cupons de ofertas, o Groupon atingiu a marca de empresa que crescia mais rápido na web em 2011. Nos três anos anteriores, de 2008 a 2011, havia percorrido uma trajetória meteórica até acumular 50 milhões de usuários em 28 países ao redor do mundo, em 150 cidades na América do Norte e 100 na Europa, Ásia e América do Sul. Somava então uma receita anual de mais de 1 bilhão de dólares.

Uma passagem interessante desse crescimento explosivo: naquele momento, sua base de empregados, que chegou a mais de 3 mil funcionários, cresceu tão rápido que a empresa precisou usar o espaço de uma igreja em Chicago, nos Estados Unidos, para fazer suas reuniões que já não cabiam mais na sede. Ela foi então considerada um unicórnio em apenas um ano e meio de existência – trata-se de um termo mitológico lançado em 2013 pela investidora americana Aileen Lee para definir as empresas novatas avaliadas em mais de 1 bilhão de dólares.

Foi no Groupon que eu tive o meu primeiro emprego formal no Brasil e parte importante da minha trajetória profissional. Foi o meu primeiro contato com a lógica dos negócios digitais e crescimento exponencial, e à frente dele cuidei da gerência comercial de diferentes capitais brasileiras. Foram quase dois anos em Belo Horizonte e outros seis meses em Curitiba até que fui enviado para tocar as operações comerciais em Salvador, minha última parada dentro da empresa. Foi ali também que pude perceber o quanto os negócios que crescem exponencialmente nessa nova economia estão igualmente em risco de uma queda brusca.

Seguindo a ideia de compra coletiva, a empresa funcionava com o próprio site oferecendo produtos ou serviços com um desconto agressivo (normalmente acima de 50%), inicialmente com um gatilho da oferta atrelada a um número mínimo de compradores. Assim, a compra em grande volume justificaria os descontos e promoveria benefícios para os clientes e as empresas ofertantes. A ideia de ganha-ganha seria, então, garantir aos clientes uma ótima forma de conseguir descontos para comprar um bom serviço e, para a empresa ofertante, um bom meio de atrair novos clientes. Tudo isso em cima de uma base robusta de e-mails cadastrados para serem oferecidos a empresas anunciantes e de ofertas sempre agressivas que pudessem garantir altas taxas de abertura, cliques e viralização entre os usuários. Com esse modelo, o Groupon atingiu o ápice em 2010, menos de dois anos após seu lançamento. Foi quando recebeu do Google uma oferta de compra de 6 bilhões de dólares – e recusou, porque chegaria além. Em seguida, em 2011, decidiu abrir seu capital na bolsa e levantou ali 700 milhões de dólares, com ações iniciais muito bem avaliadas em 26 dólares. O futuro parecia promissor.

Na prática, no entanto, as coisas corriam um pouco diferente. Quando eu entrei, em 2011, a gerência comercial era cobrada pelo maior número de contratos fechados com estabelecimentos interessados, como bares, restaurantes, clínicas de estética e casas de festa, entre outros, e a comissão era contada em cima da margem dos parceiros. Por exemplo, em um contrato de um jantar para dois em um restaurante de bairro, o cupom cairia de 150 reais para 69,90 reais, e 50% desse valor ficaria com o Groupon como comissão final.

Mais contratos fechados aceleravam o número de cupons vendidos e o motor daquele modelo de negócio estava inicialmente funcionando bem. Mas, para isso acontecer, os estabelecimentos precisavam frequentemente trabalhar abaixo do preço de custo (recebendo apenas de 15 a 20% do valor da oferta, um valor alto para um anúncio) com a promessa de ganharem em volume, vendas adicionais e fidelidade mais tarde. Isso nem sempre se concretizava, até porque a necessidade de ter um volume mínimo de compradores para resgatar determinada oferta logo foi retirada do modelo de negócio.

Como consequência, o estabelecimento dificilmente queria lançar uma oferta de novo com o Groupon, e tampouco costumava oferecer um bom atendimento aos clientes que compravam pela plataforma. A mesa do cliente Groupon era muitas vezes aquela bem escondida no canto ou perto do banheiro. Nos centros de estética era preciso sorte para conseguir marcar um atendimento dentro do mesmo mês. E existia ainda o outro lado: a consequência disso tudo era que o usuário também não costumava voltar, por não ter uma boa experiência. E todo o investimento de marketing feito para alcançá-lo se perdia facilmente, porque ele não voltava.

O cenário, depois de algum tempo do boom do lançamento da plataforma, era de que os dois lados envolvidos no marketplace – o estabelecimento e o usuário – estavam insatisfeitos. A retenção e a fidelização estavam muito baixas e o número de novos clientes ou novos estabelecimentos abrindo não era suficiente para compensar aquelas perdas. E o resultado veio em números.

Um ano depois de ter aberto capital na bolsa, o modelo começou a mostrar os primeiros sinais de desgaste. Em 2012, o Groupon teve 37 milhões de dólares de prejuízo. Atualmente, as suas ações valem em torno de 3 dólares. Quem investiu nesse negócio promissor em

2011 teve retorno até pior do que meu investimento em bitcoins. Um prejuízo de em torno de 23 dólares por ação.

A justificativa para a falência é apresentada nas publicações de negócios como o resultado da entrada de uma onda de novos concorrentes no mercado depois daquele lançamento pioneiro. No Brasil, realmente surgiram o Peixe Urbano e um monte de outros competidores pequenos. Particularmente, não atribuiria o seu fracasso a esse fato. Há muitas outras empresas que mantêm sua capacidade de inovação e liderança de mercado mesmo atravessando momentos turbulentos e altamente competitivos. Eu atribuo justamente ao crescimento insustentável, pelo qual a empresa crescia às custas do ecossistema, e não em prol dele.

Falando de empresas que passaram recentemente por turbulências, um exemplo é o Uber, um dos gigantes de tecnologia que emergiu com a economia compartilhada. Pioneira do setor – você não costuma dizer que vai chamar um Uber, mesmo quando chama um 99? – e, por isso, tendo enfrentado todos os obstáculos relativos à construção de um novo mercado e legislação, a empresa passou por um recente período de grandes dificuldades. Ela enfrentou críticas intensas contra sua operação no período entre 2014 e 2017, quando estava sob o comando do cofundador e ex-CEO Travis Kalanick. No período, foi acusada de práticas agressivas e destrutivas, que contemplavam desde práticas abusivas a acusações de assédio, espionagem, contravenções, métodos para driblar parceiros comerciais, coleta e manutenção de dados dos usuários sem prazo de expiração (mesmo após o encerramento da conta), uso de ferramentas para prejudicar concorrentes e monitorar clientes VIP, aumento dos assaltos e sequestros de passageiros e redução da comissão dos motoristas, entre outros.

Tudo o que sinalizava, naquela gestão, práticas que prejudicavam os usuários e os motoristas – os dois principais atores desse modelo de negócios – resultou em uma crise institucional para a empresa, a ponto de os conselheiros obrigarem a saída do então CEO e cofundador. Os concorrentes, obviamente, aproveitaram a instabilidade e lançaram as mais diversas ofensivas de marketing para atrair os usuários fiéis ao Uber. Não foi suficiente. Amparada pelo seu DNA inovador e pelo pioneirismo, a Uber vem lançando desde 2018 sua retomada ao mercado com inúmeras ações de reposicionamento de marca, além das mudanças internas na sua equipe. O resultado é que agora, dois anos após a crise, a empresa ainda é líder do mercado na maior parte do mundo, sendo a companhia de transporte compartilhado com a maior avaliação de mercado, sendo que a avaliação de IPO foi estimada em mais de 80 bilhões de dólares. A Uber precisou voltar a seu propósito e novamente oferecer um modelo de crescimento sustentável para todos os envolvidos no seu negócio para, finalmente, se recuperar no mercado.

A minha experiência com o mundo digital me mostra cada vez mais que é fundamental ter um negócio que cresça e gere dinheiro, mas que faça isso de uma forma sustentável, especialmente sabendo que os concorrentes logo virão e que você precisará se manter fiel a esse compromisso. No digital, a concorrência não pode ser mais uma desculpa, porque concorrentes novos surgem todos os dias – esse é o status quo das coisas. Dessa forma, o crescimento sustentável começa com a sustentabilidade econômica e financeira por meio da lucratividade, mas também a ambiental e social. Ela é, se você bem lembrar, o terceiro pilar da inovação, que mencionei no capítulo anterior.

5.1 A Revolução Digital não é um jogo soma zero

Depois de concluir minha faculdade de Economia na Itália, fui aprovado em um mestrado em Relações Internacionais na Universidade Johns Hopkins, nos Estados Unidos, e ainda lembro que um dos meus primeiros cursos foi sobre Teoria dos Jogos. Essa é uma teoria bastante popular em diversas áreas acadêmicas, e, grosso modo, trata-se da análise de como lideranças interagem na hora da tomada de decisão levando em consideração as reações e escolhas das demais partes envolvidas no processo. Nas Relações Internacionais, essa teoria é particularmente importante, pois dita as regras da diplomacia e da política externa. Afinal, países tomam determinadas decisões tentando predizer as reações dos demais países.

O exemplo mais famoso da Teoria dos Jogos é o Dilema do Prisioneiro. Ele parte de uma situação hipotética para nos fazer refletir sobre a melhor tomada de decisão. Segundo essa análise, dois criminosos são presos em uma penitenciária em regime de isolamento, ou seja, sem qualquer contato um com o outro. O Ministério Público não tem elementos suficientes para sustentar a prisão da dupla pelo crime principal, mas tem provas de que eles cometeram crimes de menor potencial ofensivo. Simultaneamente, o órgão oferece um acordo a cada um dos detentos. Cada preso tem a oportunidade de trair o cúmplice testemunhando que o outro cometeu o crime principal, ou de cooperar com o outro permanecendo em silêncio. Dessa forma, a oferta apresentada é:

- Se A e B traem um ao outro, cada um deles será condenado a dois anos de prisão.
- Se A trai B e B permanece em silêncio, A será libertado e B pega três anos de prisão (e vice-versa).
- Se A e B permanecem em silêncio, cada um deles será condenado a um ano de prisão (pelo crime de menor potencial ofensivo).

O dilema é interessante porque, aparentemente, a possibilidade de trair o comparsa é mais atraente (e menos arriscada) que permanecer em silêncio. Todo preso racional e interessado na própria liberdade opta por essa alternativa. E, no entanto, quando ambos escolhem delatar o outro, pegam uma pena maior do que se preferissem ficar em silêncio.

Esse caso é um exemplo de *non-zero-sum game*, ou seja, de uma situação em que o ganho de uma parte não necessariamente resulta na perda da outra. Em outras palavras, essa é uma situação em que ambos os lados podem ganhar. O famoso ganha-ganha, na medida em que nós gerarmos benefícios para o ecossistema que nos cerca. E isso reflete o mundo em que vivemos.

A Teoria dos Jogos também é bastante aplicada na área de gestão de empresas, em que uma liderança toma decisões baseadas no que acha que vai ser a reação do mercado ou de seus concorrentes. Mesmo hoje, muitos têm uma visão de que o mundo dos negócios seja o oposto, isto é, um jogo de soma zero, no qual, para um ganhar, necessariamente o outro deve perder. Esse pensamento ainda está muito vinculado ao mundo tradicional de recursos finitos – pelo fato de os negócios das Revoluções Industriais anteriores serem muito dependentes de recursos naturais –, mas o mundo digital não é assim. Ele trouxe um crescimento exponencial dos recursos computacionais (e outros tipos), o que faz com que esse ganha-ganha seja certamente possível. Um exemplo claro é a Lei de Moore, pela qual a capacidade de processamento dos computadores dobra a cada dezoito meses.

Na edição de 2018 do FIRE, evento da Hotmart em Belo Horizonte em que eu fui convidado para palestrar, tive a chance de assistir à apresentação de abertura do JP Resende, fundador e CEO da empresa. E ele falou uma frase que eu não esqueci desde então:

> "Crescimento só é possível no longo prazo se ele beneficiar o ecossistema no qual você opera."
>
> *JP Resende*

O gestor que torce e trabalha para que seus concorrentes tenham dificuldades está prejudicando, na verdade, a si mesmo no médio ou longo prazo. Isso porque o mundo dos negócios não é um *zero-sum game*, mas pode ser um jogo de ganha-ganha, em que os players no mercado (fornecedores, parceiros, até concorrentes) vão gerando valor entre si e podem crescer ao beneficiar todo o ecossistema.

O Brasil fechou o ano de 2018 com 453 startups financeiras, as fintechs. O número representa um aumento de 23% na comparação com o ano anterior. O banco norte-americano Goldman Sachs estimou que, na próxima década, as fintechs brasileiras devem movimentar nada menos que 24 bilhões de dólares. Essas empresas disputam mercado com gigantes do setor bancário, com lucros na casa dos bilhões de reais anuais, e mesmo assim vêm conquistando mercado. Outro levantamento feito pelo Google mostra que 7 em cada 10 clientes de uma fintech estão satisfeitos com o serviço prestado por ela. Já os clientes de bancos tradicionais satisfeitos com o serviço que recebem são apenas 43%.

Será que haveria toda essa possibilidade de expansão no mercado das fintechs se as pioneiras tivessem concentrado energia tirando clientes umas das outras em vez de construir um ecossistema favorável para o surgimento de apps modernos e cartões que oferecem taxa zero para compras e a consequente atração de novos clientes?

5.2 Novos modelos de negócio no mundo 4.0: colaboração e compartilhamento

A lógica do ecossistema funciona bem em um mundo baseado no universo digital (ele nasceu com o propósito de gerar trocas!) e sua abundância de informações. Ela não necessariamente funcionaria nos velhos tempos, quando tudo o que existia só poderia ser encontrado nas ruas, de preferência naquela mais perto da sua casa. Hoje, tudo o que você precisa está disponível à venda na Amazon, onde um carrinho pode ficar cheio com poucos cliques – e muitas daquelas coisas você sequer sabia que existiam ou que precisava delas. Nos velhos tempos, os moradores se aprontavam e corriam para participar das festas do vilarejo. Hoje, todos se encontram no Facebook.

Nessa realidade, saber como reunir o máximo de pessoas em torno da sua marca e mantê-las por ali se tornou um dos maiores desafios de quem se propõe a navegar nas ondas dos negócios digitais. E, embora desafiador, é interessante lembrar que o digital traz uma vantagem competitiva relevante para quem consegue mostrar esse valor aos seus usuários. Trata-se dos chamados "network effects" – se mais pessoas estão em uma rede social, mais gente será atraída. Assim funciona o Tinder e as redes sociais, de forma geral.

É por isso que existem plataformas sociais de que todos querem participar: eles sabem que é onde vão encontrar seus pares. Não por acaso existem as ondas migratórias que ora nos tiraram do Orkut e nos levaram para o Facebook, e, em um segundo momento, nos tiraram da tela azul para nos levarem ao Instagram. As redes geram senso de pertencimento e os modelos de negócios da economia compartilhada se fundamentam nisso.

O conceito na teoria da Economia que explica esse fenômeno é a externalidade: benefício (externalidade positiva) ou desvantagem (externalidade negativa) recebida por um agente econômico por causa da atividade de outro agente econômico, sem que haja nenhuma relação econômica entre eles. De fato, os network effects são uma externalidade positiva, pois, mesmo eu e você não tendo nenhuma relação econômica (além do fato de você ter comprado este livro!), o fato de eu me juntar à mesma rede social onde você estava trouxe um efeito positivo para você (uma pessoa a mais com quem interagir), e para a rede. As trocas no digital nem sempre envolvem a moeda vigente, mas são capazes de movimentar os mais diversos tipos de marcas e fazer com que elas sejam avaliadas em milhões.

Quanto mais buscas em um motor de pesquisa como o Google, mais esse algoritmo pode ser melhorado. Quanto mais gente buscando por acomodações no Airbnb, mais pessoas estarão dispostas a alugar sua casa na plataforma. Quanto mais pessoas usarem um console de videogame como Playstation, mais jogos serão criados para ele. As plataformas que mais rapidamente absorvem um grande volume de público engajado tendem a se tornar dominantes com certa facilidade. Mas isso sempre pode durar pouco.

Além dos network effects, que garantem um pouco mais de aderência a um produto ou serviço, há outro valor forte na Revolução 4.0 que é uma grande vantagem competitiva, aproveitada somente pelas plataformas de maior massa de usuários: a capacidade de coletar e reaproveitar uma grande quantidade de dados. Em um mundo em que a colheita e o processamento de dados alimentam algoritmos de machine learning – e o seu reaproveitamento pode garantir uma experiência personalizada para os usuários por meio da Inteligência Artificial –, quem mais tem dados à disposição ganha. E os líderes, nesse sentido, não diferem do esperado: Google, Amazon, Facebook, Apple, e os três gigantes chineses Baidu, Alibaba e Tencent.

5.3 Obsessão por métricas e dados

O ecossistema de negócios voltados especificamente para o ambiente digital criou um novo universo em que os dados e as métricas são matéria-prima para a tomada de decisão de gestores das mais diversas áreas. Mas nem sempre foi assim. Hoje, o diretor de redação de um jornal que publica suas reportagens em um portal de notícias consegue saber quantas pessoas, de fato, leram aquela matéria, como reagiram a ela e se aquele conteúdo gerou novos assinantes para o site. Mas imagine como era para saber o real impacto de uma reportagem publicada em jornal impresso. O que o diretor de redação tinha, à época, era o número da tiragem daquele exemplar. Porém, isso não significa ter controle sobre quais as matérias foram consumidas, de que forma, e qual o impacto direto na vida do leitor.

Se você trabalha na área do marketing, por exemplo, sabe como é difícil tentar, no mundo off-line, reconstruir a jornada do consumidor. Afinal, como saber se uma ação de panfletagem na porta de uma loja vai resultar em uma venda final? Na área do pós-venda é complicado entender e metrificar qual o impacto de uma experiência negativa com uma determinada consumidora que irá compartilhar o problema com amigos e familiares via boca a boca.

Uma das grandes vantagens da transformação digital é que ela torna possível medir e analisar dados sobre praticamente tudo. Desde uma campanha de conversão de clientes à efetividade de uma estratégia de e-mail marketing. E isso traz uma série de benefícios aos negócios, entre eles, a melhoria na capacidade de tomar atitudes mais adequadas de forma mais rápida, a ampliação dos canais de comunicação com o cliente ou mesmo a garantia de uma melhor experiência para o usuário.

De certa forma, a transformação digital, por meio dessa obsessão pela análise de dados, poderá minimizar a força daquele "insight" do gestor. Sabe aquela sacada, uma ideia tida fora de hora na qual será baseado o lançamento de um produto inovador? Na era digital isso sozinho não é fator de sucesso. Afinal, o que faz mais sentido é trabalhar em cima de um dado concreto que irá diminuir a chance de erro quando você for tomar uma decisão. O que se pretende com isso é diminuir o peso da expressão "eu acho que" para "os dados mostram que" e assegurar maior efetividade na decisão tomada.

Nos últimos anos, o termo Big Data deixou os artigos científicos e as rodas de conversas de profissionais de TI e passou a fazer parte da vida das pessoas comuns. O maior interesse em conhecer os efeitos do Big Data aumentou talvez na mesma proporção que a geração de dados no mundo. A consultoria EMC estima que, de 2006 a 2010, o volume de dados digitais gerados aumentou de 166 para 998 exabytes – ou seja, de 166 bilhões para 998 bilhões de gigabytes. E a perspectiva é de que esse número chegue a 40 trilhões de gigabytes até o ano de 2020 – ou seja, um aumento de 40 vezes em apenas uma década. Para dar uma ideia de dimensão, isso equivale a consumir os dados da biblioteca inteira da Netflix 132 milhões de vezes!

Mas o que isso quer dizer? Que o volume de dados gerados por usuários na rede tem aumentado em um ritmo acelerado e cada vez mais as empresas têm usado essas informações para basear seus negócios, seja no aumento das vendas, seja na estratégia para fidelizar clientes. Manejar esse largo volume de dados e construir soluções baseadas em estatística é o desafio que os gestores estão tendo que encarar hoje nas mais diversas áreas.

Um dos exemplos que gosto de usar é o do IBM Watson. A gigante da computação desenvolveu uma plataforma de serviços cognitivos para negócios que ganhou o nome do personagem de Sir Arthur Conan Doyle e pode ser aplicada nas mais variadas áreas. Uma delas é a saúde. Médicos e pesquisadores da Universidade de Tóquio compartilharam com o Watson uma base de dados com mais de 20 milhões de artigos científicos sobre o câncer e recorreram à máquina para tentar diagnosticar uma doença de uma paciente de 60 anos. Mesmo os médicos mais experientes do país não haviam conseguido chegar a um consenso. Ao rodar a enorme base de dados e cruzar com as informações de exames da paciente, Watson diagnosticou, em dez minutos, um caso raro de leucemia. Com o diagnóstico correto, os médicos conseguiram desenvolver um tratamento que teria uma eficácia maior para a senhora.

5.4 Como desenvolver um negócio pensando em crescimento sustentável?

O mundo a partir da transformação digital nos dá enormes oportunidades de gerar valor com rapidez, mas também apresenta enormes desafios para que possamos obter um retorno a partir dessa geração de valor. Ou seja, paradoxalmente, ficou mais difícil fazer dinheiro sendo rentável nesse cenário.

Não é fácil, porque o avanço da tecnologia que tanto abordamos aqui fez as barreiras de entrada caírem drasticamente. Hoje um programador pode, com certa facilidade, desenvolver sozinho um aplicativo para competir com o seu, sem ter os custos fixos de uma equipe ou um escritório, pois muitas vezes está trabalhando de casa. Com isso, o cenário competidor se acirra e a pressão sobre as margens de lucro aumenta. Dessa forma, ao mesmo tempo que gera oportunidades enormes de negócio, a revolução digital também cria desafios de sobrevivência aos negócios. Resiste quem tem foco no resultado e uma incrível capacidade de execução inovadora.

O primeiro ponto mais importante para desenvolver esses negócios é não colocar o foco no crescimento acima de tudo. Não vejo sentido focar no crescimento antes de ter validado a experiência do cliente com a sua plataforma e, como consequência, ter refinado seu modelo de negócio. Nenhum outro investimento se faz necessário ali enquanto você não tem números que mostrem uma boa taxa de retenção de usuários.

Quem está acostumado com o mundo mobile sabe que em torno de 80% dos usuários ativos que baixam um app o deixam de usar em até três dias – a menos que seja realmente útil para a rotina do usuário e garanta uma boa experiência. Os usuários só estarão dispostos a pagar por uma ferramenta quando estiverem realmente encantados por ela. Quando isso acontecer, finalmente é a hora de investir em marketing.

Como quase todas as práticas ligadas aos negócios digitais, o fundamental nas suas estratégias de marketing é o acompanhamento dos dados *real time* para ver os resultados sobre todas as ações que são feitas. Em um cenário em que tudo muda rapidamente, eu preciso ganhar agilidade para reagir às mudanças. Nesse processo, profissionais que saibam ler dados e analisar cenários – habituados à prática do *test and learn* – são fundamentais.

5.5 Tinder: crescimento sustentável em cinco anos

O Tinder é um bom exemplo de como atingir a sustentabilidade financeira, afinal ele se tornou o aplicativo que mais gera dinheiro no mundo depois do lançamento da última funcionalidade paga, o

Tinder Gold. Não se tratou de um golpe de sorte, mas de acertar o modelo de negócio antes de se preocupar com o crescimento, fazendo uso de muitos dados e testes para melhorar.

O Tinder foi lançado como um aplicativo gratuito e mantém a experiência básica gratuita desde então. Quando completou dois anos do lançamento, introduzimos o Tinder Plus, um pacote de assinatura opcional para quem desejasse funcionalidades *premium*: a chance de voltar atrás quando você recusa um perfil por engano, a possibilidade de testar uma localização diferente (Passport) e que seu perfil seja visto apenas por quem você curtiu.

Com o novo pacote, conseguimos uma porcentagem de conversão de assinantes bem mais alta que a média do mercado, mostrando que aquelas funcionalidades tinham valor para eles. Avançamos um pouco mais e liberamos novidades: 5 *superlikes* e 1 *boost* (manter seu perfil em destaque) por um mês mantendo o mesmo preço. Nós realmente queríamos gerar valor para o usuário. Por fim, em 2017, lançamos a assinatura Gold, aproximadamente ao dobro do preço da Plus. Com ela, o usuário pode ver quem curtiu o seu perfil e ainda ter acesso à seção das Top Escolhas, ou Top Picks, que destaca alguns perfis que podem interessá-lo por vinte e quatro horas.

Em menos de cinco anos de aplicativo no mercado, dois deles operando 100% gratuitamente, a taxa de conversão do Tinder cresceu de forma exponencial. E o segredo foi unicamente apostar em um modelo de assinatura que entrega exatamente o que os usuários estavam dispostos a pagar para ter. Mais conhecido como *freemium*, esse modelo permite que você gere uma experiência básica muito boa para que os usuários conheçam e se fidelizem sem pagar nada por ela. Trata-se de uma estratégia fundamental para o mundo mobile, uma vez que você não está oferecendo valor agregado e inúmeros competidores estão oferecendo serviços similares por preços mais baixos ou mesmo gratuitamente.

As primeiras experiências com o modelo *freemium* surgiram com a ascensão do mundo digital. Isso porque, desde o surgimento dos computadores, temos consumido cada vez mais produtos de mídia por meio deles e, consequentemente, pelos smartphones. Esses produtos, por sua vez, têm custo de produção e distribuição muito baixo, especialmente quando desejamos replicá-los. Para se ter uma ideia, foi preciso apenas a internet para vender as 671 mil cópias do álbum *Viva la Vida*, do Coldplay, na época (2008) considerado um marco histórico e um recorde de álbum digital mais vendido pelo iTunes. Seis anos depois, Adele assumiria o topo, com 3 milhões de cópias digitais.

Com os computadores tornando-se mais acessíveis e os produtos digitais se replicando exponencialmente, a produção física de alguns produtos ficou abalada e o modelo de negócio dos produtos também. Era sucumbir à pirataria, em que todos teriam acesso aos produtos de forma gratuita e gerando prejuízo ao negócio, ou pensar em um novo modelo de cobrança. Foi aí que surgiu o raciocínio: com o custo da distribuição próximo de zero, era preciso que apenas uma pequena porcentagem de usuários pagasse para que este modelo fosse lucrativo.

A estratégia do *free* para atrair clientes já existia antes do digital, mas não pode ser considerada sinônimo de *freemium*. Na década de 1990, a Gillette já oferecia a navalha praticamente grátis para que você virasse cliente e começasse depois a comprar com regularidade as lâminas, que é onde a empresa faz dinheiro. As companhias de telefone lhe ofereciam um smartphone barato caso você fechasse uma assinatura com a companhia. O *freemium* é diferente. Trata-se de oferecer um bom produto gratuitamente, mas um melhor ainda para quem está disposto a pagar. Alguns exemplos de sucesso deste uso são o Spotify, o Evernote e, claro, o Tinder.

O *freemium* se tornou possível quando fomos capazes de criar uma nova lógica no mercado: a de que é possível se utilizar de um bem sem precisar comprá-lo. Os serviços por assinatura recorrente, como o Tinder, usufruem dessa lógica ao oferecerem "uma licença de uso" de seu produto porque perceberam muitas vantagens no modelo. A primeira delas é justamente a sustentabilidade financeira do negócio: o pagamento recorrente facilita a projeção financeira de receita.

Com isso, é possível planejar melhor seus investimentos e construir seu budget de consequência. Além disso, a recorrência permite que você perceba a média de tempo que um usuário se mantém como assinante, o que possibilita um cálculo mais assertivo do potencial de receitas futuras geradas por um cliente – conhecido como *Lifetime Value*, uma das métricas mais importantes de marketing. Com esse dado na mão, torna-se mais fácil medir o retorno do impacto das campanhas de aquisição e retenção.

Embora pareça o melhor modelo para se trabalhar no mundo digital, o *freemium* não é para qualquer empresa. A condição mais importante para criar um modelo *freemium* bem-sucedido é ter um ótimo – e altamente desejável – produto. Ele é o motor responsável pela alavancagem do seu negócio. Depois disso, é importante considerar que esse produto seja altamente replicável, ou seja, com gastos mínimos de distribuição. Com a lógica de que poucos pagam por muitos, é preciso que este produto possa crescer sua base de usuários em milhões sem implicar em custos para suas operações. Por fim, a acessibilidade do produto deve ser a mais simples possível. Se seu desejo é que muitos utilizem para que seu negócio alcance sustentabilidade financeira, torne o produto fácil, intuitivo, com o mínimo de passos possível para que o usuário não desista da sua plataforma.

Tanto o *freemium* quanto o SaaS (*Software as a Service*) são modelos e estratégias muito reconhecidas já no mundo 4.0. Mas minha experiência prática no marketing do Tinder me fez desenvolver uma nova metodologia fundamental para o crescimento sustentável de empresas, à qual dei um nome incomum: o marketing invisível.

5.6 As 3 chaves do marketing invisível

"O que você faz?", me perguntaram em um jantar onde eu não conhecia quase ninguém. Respondi de pronto que trabalhava no Tinder e as pessoas logo começaram a rir. Para além de parecer divertido trabalhar em um lugar destinado à paquera, o estranhamento surgiu especialmente porque ninguém acreditava que uma pessoa pudesse realmente trabalhar no Tinder. Mas eu reafirmei: "Sim, realmente eu trabalho lá". Não tardou para alguém comentar: "Como assim você trabalha no Tinder? Não existe trabalhar no Tinder, a não ser ter muita diversão, festas e acesso aos melhores perfis...", comentários muito comuns e que eu ouvia com certa frequência. Mas algo me chamou muito a atenção: "Não pode ser um trabalho de verdade até porque eu nunca vi propaganda do Tinder".

Aquele comentário me incomodava porque fazia parecer que todo o trabalho ao qual me dedicava não estava sendo notado – informação que contradizia totalmente o crescimento exponencial do aplicativo no Brasil. Quanto mais eu pensava nisso, mais eu me convencia de que, na verdade, aquilo significava o contrário da minha percepção: essa invisibilidade era a verdadeira chave de crescimento sustentável para o Tinder.

Parece paradoxal chamar o marketing de invisível, eu sei. A ideia do marketing é justamente fazer ser visto. Mas esse é o verdadeiro jeito de ser notado em meio ao caos digital do mundo moderno, em que tudo o que buscamos é a atenção do usuário entre o bombardeio de informações que ele recebe diariamente. Depois dessa reflexão, passei a respirar aliviado quando alguém comentava que nunca tinha visto propaganda do Tinder. Isso significava que ainda estávamos fazendo um trabalho bem-feito, até porque, a cada dia, gerávamos 26 milhões de *matches* no mundo. É como se os estados de Minas Gerais e Goiás juntos fossem habitados somente por solteiros e solteiras que dão *match* diariamente.

Mas o que seria, afinal, esse tal marketing invisível? Ele é um modelo que deve gerar um círculo virtuoso de crescimento sustentável e rápido, com o mínimo de recursos possível. Para que isso aconteça, ele deve contar com três pilares:

1. Maximizar a aderência: priorizar a retenção não a aquisição de usuários.
Do que adianta trazer consumidores para o seu negócio, se não há capacidade de retê-los e fidelizá-los? Isso é jogar dinheiro fora. Esse modelo vem do mundo dos aplicativos móveis, mas se aplica a qualquer negócio, seja ele on-line, seja off-line. É necessário sempre se perguntar: qual a métrica de sucesso do meu negócio? O que eu faço para otimizá-la? Tendo essa informação, dedique 80% dos seus recursos a essa única métrica.

No Uber isso é medido pelo tempo estimado de chegada do seu motorista. No Tinder, pelo número de *matches* a cada *swipe*. No Zen, pelo tempo médio de meditação por usuário.

É importante lembrar que boas experiências também levam usuários a comentarem positivamente sobre o seu produto ou serviço, e isso gera um efeito de divulgação e retenção ainda maior.

***2. Catalisar o conteúdo: fomentar o UGC** (User-Generated Content), **PGC** (Press-Generated Content) e o **IGC** (Influencers-Generated Content).*
Não, não estou falando do UFC, nem estou falando de produtos químicos com acrônimos sofisticados. Muito menos do dialeto do mercado financeiro. Estou falando de conteúdos gerados de forma orgânica, espontânea, boca a boca sobre produtos e que, no mundo digital, conseguem ser amplificados pelas redes sociais. Um estudo realizado pela Nielsen mostrou que 92% dos consumidores ao redor do mundo confiam totalmente na indicação de um amigo ou familiar, acima de qualquer outra forma de propaganda. E o conteúdo ou recomendação gerado e compartilhado por essas pessoas vale muito mais do que aquilo que é produzido pela própria marca.

Graças à acessibilidade da tecnologia, viramos todos criadores de informações, e quanto menos o conteúdo parece vir da marca, mais a pessoa tem propensão a se engajar com o produto ou serviço. À medida que seus usuários mais fiéis – ou os que tiveram sucesso com seu produto ou serviço – tiverem a oportunidade de contar a sua própria história de uso, mais você conseguirá ampliar a sua presença. Isso pode ser feito por meio de gamificação, de recompensas ou apenas de exposição na página da sua marca.

Outro caminho é alimentar a imprensa com informações e insights interessantes vindo do seu negócio, como pesquisas e estudos sobre o mercado em que está inserido e a relação com o seu produto. Por fim, uma parte fundamental da estratégia do marketing invisível é contar com o trabalho dos influenciadores dentro dos nichos em que você deseja atuar. Isso deve acontecer por meio de *seeding* de produtos ou criando oportunidades para eles compartilharem histórias sobre a interação com seu produto. Essas personalidades buscam constantemente oportunidades de gerar conteúdo novo e relevante, e você ganha a oportunidade de gerar um efeito positivo que amplifica sua mensagem de marca.

3. Focar no essencial: capacidade de criar uma marca aspiracional, evitando o marketing massivo.

No livro *Essencialismo: a disciplinada busca por menos*, o autor Greg McKeown comenta que o essencialismo não é sobre fazer mais coisas, mas sim sobre como fazer as coisas certas da melhor forma. Para mim, essa filosofia se aplica a múltiplas áreas, como a da produtividade, mas é também extremamente importante para o marketing e crescimento. Minimize os canais tradicionais, o uso de banners que ficam piscando na cara do seu usuário, as promoções e os códigos de desconto de 34 letras promovidos por influenciadores desconhecidos, a sua participação em solicitações de imprensa sem pé nem cabeça.

A Apple é uma marca extremamente aspiracional, com a qual trabalhei com muitas parcerias esses anos. Só quem trabalha com eles sabe quantos "nãos" eles costumam dizer para parceiros, campanhas e projetos. Ela é, para mim, uma empresa que representa melhor o conceito do essencialismo nos negócios e em seus próprios produtos.

A construção de uma marca aspiracional, em que as mensagens da marca são passadas de forma orgânica e minimalista, leva as pessoas à sua plataforma e as estimula a falarem de você. Com uma marca que já fala muito de si, o público não vai necessariamente falar muito a respeito. No entanto, o contrário também não é regra: não falar dificulta que o conheçam e divulguem. Por isso é fundamental comunicar-se da forma correta, seguindo os passos do marketing invisível.

5.7 O impacto dos novos modelos nos trabalhadores

Atualmente, o Uber conta com mais de 600 mil motoristas trabalhando ativamente com a plataforma, espalhados por cerca de 100 cidades brasileiras. Este número sofreu um boom especialmente em 2016 – dois anos depois da chegada dele ao Brasil –, quando passou de 50 mil para 500 mil em apenas um ano. Em 2017, já eram 150 mil os motoristas de Uber ativos na Grande São Paulo, contra 38 mil motoristas de táxi para a mesma região. Grande parte deles associa a atividade a outras fontes de renda, mantendo uma jornada dupla.

A vantagem apresentada pelo Uber, que dá autonomia e capacidade de planejar a própria renda, é o que motiva também o aumento no número de freelancers e trabalhadores autônomos pelo mundo. O que antes seria um trabalho informal, hoje virou uma forma consolidada de trabalho. Mais pessoas trabalhando de forma autônoma, mantendo carreiras distintas simultaneamente.

Isso virou popular hoje – ainda mais entre os millennials – por alguns fatores principais: primeiramente, por razões pragmáticas, ou seja, pela diminuição da estabilidade de emprego e maior rotatividade no mercado de trabalho; além disso, por escolha do estilo de vida, já que trabalhos suplementares permitem que trabalhadores possam perseguir suas paixões sem necessariamente ter que abrir mão da segurança de um emprego fixo; e, por fim, também pelo crescimento de novos modelos de negócio como o Uber.

Por exemplo, agora a febre no Brasil são os patinetes da Grin e da Yellow: quem teria imaginado, anos atrás, que isso geraria novas oportunidades de emprego, como a função de quem recolhe os patinetes à noite e os recarrega?

De maneira geral, essa transformação do mercado de trabalho que a Revolução 4.0 trouxe nos leva de volta ao começo deste livro, ou seja, à flexibilidade cognitiva que é ainda mais importante nesse contexto. Alguns desses trabalhos extra são manuais; outros requerem mais esforço intelectual, mas todos vão precisar de capacidade de adaptação, de aprendizado rápido e, realmente, de flexibilidade cognitiva.

Será que o sucesso de um motorista do Uber é consequência da tecnologia, ou é do próprio comportamento humano dele (ou dela)? A verdade é que tratar bem o ser humano que está no banco de trás numa corrida é muito mais importante do que qualquer outra coisa. Porque o ser humano vem primeiro, no mundo da transformação digital.

CAPÍTULO 6

ALTRUÍSMO DIGITAL

Entramos em processo de alfabetização por volta de 4000 a.C., quando mesopotâmios, egípcios e romanos começaram a desenvolver, cada um em seu lugar, formas de se comunicar por meio da escrita. O sistema de códigos se desenvolvia a partir da curiosidade que levava muitas pessoas a aprenderem a ler para lidarem com negócios, comércios e até mesmo para lerem obras religiosas ou obter informações culturais da época. A alfabetização acontecia, então, com a transmissão de quem possuía conhecimentos da escrita para quem queria aprender. Não era um aprendizado formal.

Esse cenário só começou a mudar com – novamente – a Revolução Industrial, nossa primeira revolução tecnológica. Ali, a necessidade de preparar as pessoas para se tornarem mão de obra industrial fez necessária a massificação das escolas. Elas eram o lugar para preparar a população para o mercado de trabalho, oferecendo condições para se adequarem ao capitalismo.

De lá para cá, somamos aproximadamente duzentos anos tentando tornar a escrita acessível a todos – lembrando que há países que ainda não alfabetizaram o total de sua população, e o Brasil é o 8º país com maior número de analfabetos adultos no mundo.

Em 1989, quando já vivíamos a Revolução 3.0, o cientista da computação Tim Berners-Lee lançou ao mundo uma nova forma de comunicação e aprendizagem: a digital. Ela não mais se apoiava em uma plataforma de papel, e um texto escrito deixava de ser compartilhado somente com uma quantidade limitada de pessoas. Além disso, um único documento carregava hiperlinks com referências a uma infinidade de outros conteúdos.

Mesmo sendo uma mudança disruptiva que modificou a forma como a sociedade se relaciona, em menos de trinta anos superamos o marco de 4 bilhões de pessoas se comunicando pela web, sendo hoje em dia 56% da população total, de acordo com a União Internacional de Telecomunicações (UIT). A rapidez com a qual nos adaptamos a esse novo sistema de comunicação e a forma como transpusemos barreiras geográficas nestas últimas três décadas nos tira a dimensão, muitas vezes, de que ainda somos iniciantes neste mundo digital e, especialmente, de que estamos constantemente em aprendizado. Há muito mais por vir, e não por acaso gigantes como Apple, Microsoft e Google investem fortunas para que crianças norte-americanas aprendam gratuitamente linguagens de programação e de Inteligência Artificial. Estamos ainda construindo os passos do nosso futuro.

Engana-se, portanto, quem pensa que a interconectividade gerada hoje pela internet se resumirá a ostentar vidas editadas ou compartilhar notícias infundadas pelas redes sociais, que conectam 3,2 bilhões de pessoas ao redor do mundo. Digo isso porque, mesmo com todas as crises recentes, especialmente em relação à privacidade de dados dos usuários da rede, acredito que estamos vivendo um processo de transição. Logo reencontraremos o propósito real para o qual a internet foi criada: a colaboração em rede, um espaço de troca e compartilhamento.

6.1 Uma antiga história de colaboração

Darwin lançou a Teoria da Evolução ao mundo e uma dúvida aos biólogos: por que nós, seres humanos, colaboramos uns com os outros se isso parece ser o oposto do esperado pelo ponto de vista evolucionário? Se pensarmos no instinto mais básico do ser humano – o de sobrevivência – valores como o altruísmo, a empatia e a busca pela justiça social não fazem nenhum sentido. Um homem que se dedica a levar comida a um colega pode estar colocando a sua própria existência em risco, já que ele próprio pode ficar sem comer.

No livro *A conquista social da terra*, o autor Edward O. Wilson explica que o altruísmo é o resultado não de uma seleção individual, como os biólogos pensavam inicialmente, mas sim de uma seleção de grupo. Ao sobrevivermos juntos em situações de guerra ou de conquistas de territórios, percebemos que agir em grupo era a melhor forma de sobreviver e manter a nossa espécie. Assim, nós evoluímos e nos desenvolvemos geneticamente como espécie para vivermos em conjunto. E isso significa que, em geral, nossos grupos (que podemos chamar de tribos, times, comunidades ou nações, por exemplo) competem por dominância entre eles, mas sabendo que existimos melhor dentro deles.

No entanto, o pensamento da sobrevivência em grupo não significa que a competição individual deixou de existir. A briga pela sobrevivência continuava a existir internamente nos grupos, nos quais competimos por sobrevivência e reprodução. Trata-se da seleção individual. Segundo o autor, esse jogo de forças individualistas e altruístas convive na nossa sociedade em uma tensão permanente. Mas é importante perceber que, em geral, seres humanos individualistas podem derrotar outros indivíduos altruístas, mas grupos de pessoas altruístas tendem a ganhar de grupos de pessoas individualistas. Vivemos nessa corda esticada entre os dois papéis: de seleção individual e seleção grupal.

Existem fatores bioquímicos que interferem nos nossos sentimentos e na forma como nos relacionamos, particularmente por meio da emissão de duas substâncias químicas corporais em específico: a ocitocina e o cortisol. Quando um líder se sacrifica pelos outros ao seu redor, ele recebe uma injeção de ocitocina, e o mesmo acontece com a pessoa que recebe a generosidade e com todos que testemunharam o sacrifício. E isso leva a um ciclo. Quanto mais ocitocina temos em nosso corpo, mais generosos queremos ser. O contrário acontece com a liberação de cortisol, substância química cuja liberação resulta em sentimentos de estresse e ansiedade, e que serve para alertar nossos corpos para sinais de perigo. Isso significa que se você viver ou trabalhar em um ambiente onde não se sente seguro, irá liberar cortisol: como consequência, será menos empático e menos generoso, pois estaremos muito ocupados tentando nos proteger.

Além desses fatores químicos, outros pontos foram fundamentais para a nossa evolução como espécie colaborativa. Há cerca de trezentos mil anos, diversas espécies de hominídeos – nossos antepassados – habitavam a Terra. São exemplos o homem de Neandertal, encontrado em algumas partes do que hoje é a Europa e o oeste da Ásia, o hominídeo de Denisova, provenientes de outras regiões da Ásia, e os "hobbits" – ou *Homo floresiensis* – das ilhas da Indonésia. Naquele momento, surgia também nas savanas da África o *Homo sapiens*, a única espécie que sobreviveu até os dias de hoje. Estudos mostram que o *Homo sapiens* se destacou entre as outras espécies de hominídeos que se extinguiram há cinquenta mil anos por uma série de motivos, desde as diferenças na alimentação até a adaptação climática – mas vamos destacar os dois principais.

O primeiro tem a ver com diferenças cerebrais. Ainda que o homem de Neandertal tenha tido um cérebro grande em comparação com o de outras espécies, as mudanças genéticas do *Homo sapiens* foram fundamentais para a nossa sobrevivência. Geneticistas apontam que, a partir do momento em que o *Homo sapiens* se separou do ancestral comum com os neandertais, o DNA também se adaptou.

E parte considerável dessas mudanças genéticas está ligada ao desenvolvimento cerebral. O *Homo sapiens* é a única espécie que tem um neocórtex, parte do cérebro que comanda a habilidade de nos expressarmos por meio da linguagem, e de ter razão e discernimento, controlando instintos e emoções exageradas.

O segundo motivo tem a ver com a nossa capacidade de cooperação. Nós somos uma espécie altamente sociável, cuja sobrevivência e prosperidade dependem muito da ajuda dos outros. Tribos com muitos membros dispostos a se sacrificar para o bem comum levam vantagem em cima de tribos menos colaborativas. Nossa habilidade de cooperar, de proteger e de ajudar os outros funcionou tão bem que nossas populações não só sobreviveram, mas também evoluíram.

Nossas vidas, hoje, são muito diferentes das vidas que seres humanos tinham há cinquenta mil anos. Conseguimos moldar o ambiente conforme a nossa necessidade. Crescemos e evoluímos em comunidades de até 150 pessoas, onde conhecíamos todos e cultivamos um valor em comum que é, na verdade, a base dessa evolução: a confiança nos demais membros da tribo. Isso explica o porquê de a traição, em certas populações, ser considerada imputável em grau equivalente ao homicídio. Se formos comparar, esse cenário vem mudando bastante ao longo do tempo – e tudo isso tem seus custos.

6.2 Uma nova história de solidão

Vivemos um cenário que podemos considerar bastante ambíguo: a tecnologia, ao mesmo tempo em que nos aproxima, permitindo um contato cada vez mais próximo e intenso com pessoas distantes, também nos afasta, incentivando nosso individualismo. Ao mesmo tempo em que nos permite tudo, como os mais diversos tipos de conhecimento e oportunidades, também nos causa uma enorme ansiedade, já que é impossível obter esse todo. Aqui entra o conceito de altruísmo digital, que é fundamentalmente a priorização do ser humano no centro da experiência de negócios, e que representa uma solução para esse mundo que, mesmo hiperconectado, estimula a solidão.

Recentemente, Whindersson Nunes – um dos maiores youtubers do Brasil – fez um desabafo no Twitter contando sua angústia e sentimentos que sinalizavam a existência de uma depressão. A notícia logo viralizou. Como um comediante com 35 milhões de seguidores, hoje milionário, pode dizer que "se sente triste há alguns anos", "sente uma angústia todos os dias" e "não sente tanta vontade de viver"? É a pergunta de muitos. Além de ele citar como uma das causas o fato de que o sucesso o cerca de pessoas gananciosas e interesseiras, a verdade é que o efeito das redes sociais pode ser bastante danoso para a nossa sociedade pelo isolamento que gera e, principalmente, pela construção de personagens e cenários distantes dos reais. A entrevista do Kevin Systrom ao *The New York Times*, citada ao começo deste livro, remete muito a esse ponto.

O ser humano costuma se comparar aos outros, sempre almejando mais e melhor. As redes sociais e a conexão digital com milhões de pessoas aumentam exponencialmente essa comparação e o senso de inferioridade: pesquisas apontam que depressão e ansiedade são a maior preocupação entre 70% dos adolescentes, e especialistas relacionam isso ao aumento das mídias sociais.

Em um artigo do *The Atlantic* de 2017 intitulado "Os smartphones destruíram uma geração?", a psicóloga Jean M. Twenge conta como, por meio de pesquisas, ela percebeu uma mudança forte de comportamento e nos estados emocionais de adolescentes a partir de 2012, alguns anos após a recessão, quando os Estados Unidos bateram recorde de ter mais de 50% da sua população utilizando smartphones. O que podia ser apenas temporário, tornou-se uma tendência persistente com o tempo. Os adolescentes de agora se diferiam dos millennials pela sua visão de mundo e pela forma como gastavam seu tempo. Se nas gerações anteriores a independência era um valor extremamente relevante para os jovens, a partir de agora ela causava baixa influência. Os jovens estavam mais seguros dentro de casa, mas cada vez mais próximos de outro perigo: um colapso mental.

A Geração Z é fortemente influenciada pelo uso do smartphone e do aumento paralelo de uso das mídias sociais. Os millennials, nascidos nos anos 1980, também cresceram com a internet, mas ela não era onipresente na vida deles. Não estava na palma da mão o tempo todo. A chegada do smartphone mudou radicalmente cada aspecto da vida dos adolescentes, desde a natureza de suas interações sociais até a própria saúde mental. Isso não significa fazer uma ode nostálgica ao que já fomos, até porque, assim como houve mudanças geracionais negativas, houve também várias positivas. Mas, psicologicamente, a Geração Z se mostra cada vez mais vulnerável do que os millennials: as taxas de depressão e até suicídios aumentaram drasticamente desde 2011.

Redes sociais como o Instagram prometem nos conectar com amigos. Mas o retrato que está emergindo dos dados é o de uma geração mais sozinha. Pesquisas mostram que desde 2013 as sensações de solidão alcançaram o pico, e desde então continuam altas. E é por isso que precisamos resgatar a centralidade do ser humano no meio da transformação digital, desenvolvendo a capacidade de se conectar melhor com os outros – não apenas via redes sociais.

6.3 O modelo de negócio hoje não é mais B2B ou B2C

Em 2015, na Flórida, o Tinder foi o meio que uniu duas mulheres que não se conheciam em um transplante de órgão que salvou uma vida. Jennifer Thomas, 35, teve um encontro com Rich O'Dea via Tinder. Durante a conversa, ele comentou a história de uma amiga, Erika Bragança, que estava internada em estado grave, com apenas 5% da função renal estabelecida, à espera de um doador. Jennifer se sensibilizou com aquela história e resolveu fazer testes de compatibilidade. Os tipos sanguíneos deram *match* e Erika teve, então, a vida salva por aquela, até o momento, desconhecida (o romance entre Jennifer e Rich não durou mais que um encontro). O ocorrido mobilizou uma campanha de conscientização pela importância da doação de órgãos no aplicativo pouco tempo depois. Por mais que parecesse inusitado, aquele tipo de campanha fazia todo o sentido. O real propósito do Tinder é conectar pessoas em relações e situações reais.

Hoje, se você faz uma busca rápida pela internet pela palavra Tinder, percebe que o termo – e o modelo baseado em ligar pessoas com interesses comuns – gerou os mais distintos negócios do bem: "tinder da doação de sangue"; "tinder para pets abandonados" e "tinder da comida para combater desperdício de alimentos" são alguns deles. Quando você pensa na perspectiva de ajudar pessoas, há um verdadeiro oceano azul de oportunidades à sua frente. Esse fenômeno já é chamado popularmente de "tinderização".

Ele existe porque aproveita a tecnologia para usar algo que é intrínseco ao humano: o desejo de se conectar e de realizar trocas reais. E é com a ascensão desse tipo de modelo, e diante da overdose de gatilhos de consumo que recebemos diariamente, que passamos a considerar cada vez mais a necessidade do surgimento de empresas H2H: *Human-to-Human*. Mas como pensar em um modelo deste quando a regra é a busca pela escalabilidade?

O H2H trata menos de um trabalho artesanal, como pode sugerir, e mais de uma oposição a abordagens que estão sempre distinguindo o tratamento dado a clientes entre B2B (*Business-to-Business*, que configura a venda de produtos ou serviços para empresas) e B2C (*Business-to-Consumers*, quando o comprador é um consumidor final). Com isso, esquece-se que, por fim, somos todos pessoas do outro lado da mesa.

Empresas não têm emoção; pessoas, sim. Todos nós, em geral, queremos fazer parte de algo maior do que nós mesmos, queremos sentir alguma coisa, ser incluídos. E queremos entender. E é por isso que não faz sentido para uma empresa criar estratégias para apresentar uma proposta de valor que não seja a mais clara, genuína e simples possível. Que realmente toque as pessoas submersas pelo tsunami de informações e gatilhos de compra.

É nessa humanidade que tomamos nossas decisões de compra – não só pela oferta ou pelas palavras de convencimento, mas também por todo o ambiente ao nosso redor. E é a falta de entendimento sobre essas relações que faz com que o marketing de hoje, que enche caixas de e-mails com ofertas e conteúdos, seja pouco eficaz. As mensagens de consumo que recebemos vêm de todos os lugares, todos os dias e sempre iguais. Mas são poucas as que estão realmente dispostas a nos emocionar.

Compramos aquilo com o que nos envolvemos, e por isso temos falado aqui sistematicamente sobre aprendermos a nos enxergar como humanos em um mundo que é cada vez mais máquina. É no excesso que nos guiamos pela simplicidade, pela usabilidade, pelo acessível e, especialmente, por aquilo que realmente apresenta valor na vida do nosso cliente. Sem aplicar o modelo H2H, nós não conseguiremos entender a demanda dos consumidores e, como consequência, tampouco seremos inovadores.

6.4 Inteligência emocional como vantagem competitiva do ser humano

Um dos efeitos mais temidos da transformação digital é a automatização de atividades e ocupações que, hoje, são executadas por mão de obra humana. Testes com carros autônomos em cidades nos Estados Unidos, feitos por empresas como Uber e Google, entre outras, certamente impactarão atividades que dependem de motoristas. Funções administrativas em empresas serão substituídas por softwares de gestão que trabalham com análise de dados. E isso acontecerá em centenas de ocupações que, hoje, dependem do ser humano. Isso significa que, mais do que nunca, precisaremos cuidar uns aos outros, seja por meio de negócios, seja por atividades sem fins lucrativos e que promovam maior justiça social. Precisaremos, mais do que nunca, enaltecer o que nos distingue como seres humanos: a inteligência emocional.

A inteligência emocional faz-se ainda mais necessária em um cenário de transformação profunda da nossa sociedade. É preciso saber ouvir o outro quando o diálogo intercultural ganha cada vez mais força. E, embora muitos se confundam com esse conceito, ter inteligência emocional não se resume apenas a se colocar no lugar do outro. É principalmente a capacidade de tratar uma pessoa como ela gostaria de ser tratada e se disponibilizar para entender o seu problema.

Segundo Daniel Goleman, quem primeiro trouxe ao mundo esse conceito, as emoções são o que nos tornam verdadeiramente humanos. São ferramentas extremamente importantes para entender e interagir com o ambiente que nos cerca, mas, ao mesmo tempo, podem ser falhas e nos levar a cometer erros. Isso ocorre, por exemplo, quando nos tornamos emotivos demais, o pode acabar nublando nossa visão no momento de tomar decisões mais assertivas. Outro erro comum ocorre quando tomamos determinada atitude antes de termos tido a chance de julgar uma situação de forma clara. Ou, também, quando nós somos afetados por respostas emocionais obsoletas, já que nossas mentes reagem a situações no presente baseadas em experiências passadas, mesmo quando as condições já mudaram.

Dessa forma, mesmo que nossas emoções sejam importantes, elas podem tomar controle de nossas mentes e desviar o pensamento racional. Por isso, precisamos de algo que nos ajude a gerenciá-las bem. É aí que entra a inteligência emocional, que é a capacidade de reconhecer e gerenciar suas emoções sem ser controlado por elas.

Tradicionalmente, a inteligência é medida por um índice específico que se tornou bastante popular nas décadas passadas: o QI (Quociente de Inteligência). Obtido a partir de avaliações e testes específicos, foi desenvolvido após uma série de estudos realizados por psicólogos ainda no século XIX. Crianças e adolescentes, além de jovens submetidos ao serviço militar obrigatório, geralmente passavam por esses tipos de testes, que poderiam incluir elementos visuais e verbais para "medir" o raciocínio lógico e outras aptidões. De certa forma, nas primeiras décadas do século XX, o resultado de uma criança em um teste de QI praticamente definia o lugar no mundo que ela teria dali em diante.

No entanto, ao longo das últimas décadas, esse tipo de teste vem sendo bastante criticado. Como avaliar da mesma forma crianças ou jovens de diversos lugares do mundo, que vivem em contextos diferentes e com culturas diferentes? Além disso, com o desenvolvimento das tecnologias e as mudanças que elas geraram em todo o mundo, podemos falar em outros tipos de quociente que fazem mais sentido no contexto atual.

Em uma das inúmeras conferências do Fórum Econômico Mundial de Davos em 2018, Jack Ma, fundador do Alibaba e um dos homens mais ricos da China, disse uma frase muito interessante: "Para se ter sucesso, uma pessoa precisa de um alto Quociente Emocional. Para não perdê-lo rapidamente, ela precisa de um alto Quociente Intelectual. E, para ser respeitado, você precisa de um alto Quociente do Amor". A capacidade de ter inteligência emocional é cada vez mais vinculada ao sucesso – claro, dentro de uma combinação de características e competências maior.

Mas quais são os elementos da inteligência emocional? O primeiro aspecto é a capacidade de reconhecer e nomear os próprios sentimentos: isso é chave para controlar suas emoções. Afinal, é preciso se autoconhecer e reconhecer suas emoções para, enfim, tomar consciência do que elas são capazes de causar.

E você não está sozinho no mundo: já falamos anteriormente que somos uma espécie altamente social, então, as outras pessoas têm um papel muito importante em nossa existência e só se você conseguir gerenciar suas interações sociais vai poder viver uma vida plena. A inteligência emocional também pode ajudá-lo com isso: ela lhe permite exercitar a empatia.

Para que isso aconteça, a inteligência emocional também precisa estar presente nos bastidores, onde acontece a modelagem de cenários e a tomada de decisões. É preciso saber como funciona a mente das pessoas, sejam elas engenheiras, programadoras, CEOs de empresa etc. É necessário que as equipes sejam diversas o suficiente, seja com relação a gênero, cor, classe social ou etnia, para conseguirem representar os anseios dos clientes que representam. Não por acaso, o Fórum Econômico Mundial listou a habilidade de se relacionar com pessoas como uma das 10 maiores competências da próxima década.

Na era digital, a inteligência emocional é uma característica que se desenvolve no trabalho em equipe, na interação social do dia a dia, no mapeamento dos problemas de todos os envolvidos. Com as decisões tomadas em conjunto, as possíveis ações na criação de uma interface ou interação se multiplicam e diversificam e, assim, as chances de acerto se potencializam.

A inteligência emocional é uma verdadeira vantagem competitiva no cenário de transformação digital. Existem diversas funções que as máquinas conseguem executar de forma mais rápida, simples e com menor chance de erro. Muitas atividades presentes nos mais diversos empregos, seja o de médico, advogado, jornalista, analista financeiro, consultores, dentre outros, seguem mais ou menos o mesmo workflow: coletar dados, analisá-los, interpretar os resultados, determinar um plano e implementá-lo.

É fácil ver o papel dos sistemas automatizados na coleta e análise de dados. Aceitamos que as máquinas podem realizar esses tipos de tarefas com eficiência. No entanto, seu potencial vai muito além. Os seres humanos são limitados e, muitas vezes, tendenciosos. Mesmo profissionais brilhantes em suas áreas nunca conseguirão acompanhar todas as novas publicações em suas especialidades. Em vez disso, eles devem confiar em um pequeno número de experiências pessoais, e não no conhecimento completo em seu campo. Os seres humanos não podem simplesmente conectar mais servidores quando atingimos nossos limites processando novas informações. Em vez disso, devemos confiar em nossas próprias preferências, hábitos e regras práticas, muitas vezes tendenciosas.

Algumas pessoas podem dizer que nunca confiaremos nas máquinas para decisões importantes, como a administração de nossa saúde e dinheiro, mas este é o pensamento do século XX. Uma nova geração está se envolvendo com máquinas inteligentes nas quais confiam e que geralmente preferem. O valor de algumas das nossas carreiras mais valorizadas já está sendo corroído.

Aqueles que querem permanecer relevantes em suas profissões precisarão se concentrar nas habilidades e capacidades que a Inteligência Artificial tem dificuldade em replicar. Ou seja, compreender, motivar e interagir com os seres humanos. Uma máquina inteligente pode diagnosticar uma doença e até recomendar um tratamento melhor que um médico. No entanto, é preciso uma pessoa para sentar em frente ao paciente, conhecer sua história, entender os outros fatores que influenciam sua saúde, como questões pessoais, finanças e alimentação, por exemplo, e ajudar a determinar qual plano de tratamento é o ideal.

Da mesma forma, uma máquina inteligente pode diagnosticar problemas empresariais complexos e recomendar ações para melhorar uma organização. Um ser humano, no entanto, ainda é mais adequado para estimular a equipe a agir, pensar em soluções de longo prazo e motivar os seus colaboradores para serem agentes de uma mudança.

São essas as capacidades humanas que se tornarão cada vez mais valorizadas na próxima década. Habilidades como persuasão, compreensão social e empatia vão se tornar diferenciais à medida que a Inteligência Artificial e o aprendizado de máquina nos liberarem de executar tarefas puramente burocráticas.

O que você tem a oferecer – que seja um diferencial em relação ao que a máquina pode executar – tem a ver, diretamente, com as pessoas que estão ao seu redor. Comece a nutrir e a investir nessas habilidades da mesma maneira com a qual você dedica tempo e dinheiro para as partes mais técnicas de sua carreira.

6.5 Altruísmo digital dentro da empresa

O nosso velho amigo Frederick Taylor, que citei no começo do livro, dizia que "o trabalho se trata principalmente de tarefas simples, não particularmente interessantes. Por isso, a única forma de fazer as pessoas trabalharem é incentivando-as de forma apropriada e monitorá-las de perto". Bom, no comecinho de 1900 isso podia realmente fazer sentido: a maioria dos trabalhos era repetitiva, pesada e pouco estimulante.

Hoje o cenário mudou bastante. Claro, ainda existem os trabalhos chatos, rotineiros e nada desafiadores. Mas um número surpreendentemente alto de atividades se tornou mais complexo e mais interessante ao passo em que as máquinas têm tomado conta do que é repetitivo. Nesse contexto, nossas motivações mudam, e é cada vez mais comum encontrar iniciativas dispostas a entregarem muito ao mundo sem pedir nada em troca.

Eu era uma criança curiosa, sempre buscando novos termos e temas na *Enciclopédia Treccani*, a mais tradicional enciclopédia italiana. Durante o colégio, costumava fazer pesquisas no computador para resolver minhas tarefas de casa da escola, colocando o CD-ROM da enciclopédia Encarta, da Microsoft. As duas já sumiram do mercado com a chegada de um novo líder, a Wikipédia. Essa enciclopédia on-line não nasceu como produto de uma companhia que visa lucros. Ela, que é hoje a maior do mundo, conquistou sua liderança graças ao trabalho voluntário de dezenas de milhares de pessoas que escrevem e editam os mais diversos artigos na plataforma por motivos diversos, que vão além do monetário. Quem contribui não precisa de nenhuma qualificação específica para participar e não vai receber um centavo para isso, ainda que dedique várias horas da própria semana para isso. A enciclopédia existe apenas on-line e é totalmente gratuita. Atualmente, ela contabiliza mais de 40 milhões de artigos em 293 idiomas, sendo mais de 5 milhões em inglês.

Como se consegue uma mobilização dessas? Isso acontece da mesma forma como se conseguiu desenvolver o sistema operacional Linux e vários outros projetos open source que vieram para revolucionar o mundo. Em todos os resgates históricos sobre a evolução humana que fizemos ao longo deste livro, percebemos que, voltando ao começo dessa trajetória, cinquenta mil anos atrás, o comportamento humano era relativamente simples: tudo era movido pela sobrevivência. Mas isso teve prazo.

Algo começou a mudar à medida que começamos a nos organizar em sociedades, onde as cooperações são muito necessárias. Operar em um contexto como esse baseado em instinto e necessidade biológica tornou-se inadequado. O ser humano precisou aprender a conter o instinto de roubar comida do colega ou até mesmo sequestrar sua esposa. Caso contrário, jamais teríamos conseguido evoluir. Foi essa mudança cultural que transformou o humano em um ser capaz de respeitar as regras básicas de convivência. E ultrapassar os limites das necessidades biológicas acabou por nos tornar também mais complexos.

A princípio, nosso segundo estímulo, além das necessidades biológicas, foi o de buscar recompensa e evitar punições, de forma geral. Foi ele o que persistiu durante a época da Revolução Industrial e que guiou bem o taylorismo. Mas, no ato prático, significava basicamente não diferenciar o ser humano de uma manada ou de grupos que lutavam juntos pela própria sobrevivência. Até certo momento foi efetivo.

Com o desenvolver do século XX e as Revoluções Tecnológicas que vivemos, nossa sociedade alcançou graus de complexidade nunca antes atingidos, e o avanço cognitivo de conseguirmos viver em sociedade, cumprindo regras, deixou de ser suficiente. Esse modelo entrou em crise. Sou economista de formação e tenho o prazer de resgatar aqui as teorias de um dos meus economistas preferidos: Harry Maslow, que desenvolveu a área de psicologia humanista. Além de ser conhecido pela pirâmide das necessidades que ele criou (quem não conhece a Pirâmide de Maslow?), ele também questionou bastante a crença de que o comportamento humano era apenas a busca cega por estímulos positivos e por evitar os negativos.

Outro psicólogo que virou professor de gestão, Frederick Herzberg, propôs, por sua vez, que são dois fatores que determinam como as pessoas performam no próprio emprego. O primeiro, segundo ele, eram fatores considerados de "higiene" – as recompensas extrínsecas como remuneração, condições de trabalho e segurança de emprego. A ausência delas provoca insatisfação, mas a própria presença não necessariamente leva à satisfação no trabalho. O segundo fator, aí sim, já eram os "motivadores" – como, por exemplo, o prazer do trabalho em si, a sensação de conquista genuína e o crescimento pessoal. Esses desejos internos são os que realmente ampliam a satisfação e a performance no trabalho e são onde os gestores devem focar sua atenção.

6.6 A tecnologia e sua contribuição para a sociedade

O modelo H2H e a priorização do ser humano ao centro da experiência podem gerar enormes oportunidades de negócio, mas, ao mesmo tempo, a tecnologia pode gerar enormes oportunidades de ajudar a sociedade sem necessariamente receber nada em troca.

Um compromisso importante em setembro de 2017 me fez sair mais cedo no último dia do Rock in Rio, no meio do show do Red Hot Chili Peppers. Poucas coisas no mundo me fariam tomar essa decisão, admito. Mas essa era uma. No dia seguinte eu estaria, bem cedo, em um desses carrinhos de golfe dentro dos estúdios da Globo na companhia do meu amigo e colega Alessandro Telles. Eu já estava acostumado com a presença em programas de TV e veículos de imprensa, e estive no Fantástico no Dia dos Namorados daquele mesmo ano representando o Tinder. Mas dessa vez era diferente. Eu estava mais nervoso do que o normal.

Isso porque eu ia contar para a Fátima Bernardes – e como consequência para o Brasil todo – os motivos pelos quais idealizei o Ajuda Já, um aplicativo de prevenção a suicídios que o Alessandro Telles e o Renato Novaes me ajudaram a desenvolver, de forma totalmente voluntária.

Nunca gostei de falar muito de mim. E o que ia contar na TV aberta naquele dia era algo que dificilmente compartilhava com os outros. Imagine com o Brasil todo, então. Desde o começo da minha adolescência até o começo da minha vida adulta, tive que conviver com uma síndrome bipolar que intercalava ciclos de depressão e momentos de euforia, que às vezes duravam meses. Nunca foi algo fácil de lidar. Mas ao crescer e superar isso, e ao enxergar o poder da tecnologia trabalhando neste mercado, vi aí uma enorme oportunidade de entregar algo em troca para uma sociedade que me dá tanto.

Ao ver tantas pessoas sofrendo, e entendendo a dificuldade que muita gente tem de pedir ajuda na hora que está mais sem forças para lutar, nós três criamos um app que permite pré-cadastrar até 3 contatos de emergência de forma anônima (ou seja, eles não vão saber que você os colocou como contato de emergência), aos quais é enviado um SMS com um pedido de ajuda e localização para intervir e ajudar em casos de emergência, apenas apertando um botão que está na tela de celular.

Esse é um app em que, paradoxalmente, o sucesso é medido pelas pessoas que não o baixaram e não sintam essa necessidade, mas que na verdade aproveita a força da tecnologia para resolver um sério problema humano. Sem ganhar um centavo – aliás, desembolsando a cada envio de mensagem –, mas aplicando nosso conhecimento em prol da sociedade.

É muito difícil as pessoas falarem desse tema, então tenho tido pouco feedback sobre o impacto que ele provoca na vida das pessoas. Mas nunca irei me esquecer de algumas mensagens corajosas que de vez em quando recebo espontaneamente pelo inbox do Instagram, agradecendo pelo app ter ajudado a amenizar a ansiedade de não ter voz em momentos de enorme necessidade de ajuda.

Com o Zen também percebemos essa necessidade humana: com ele, ajudamos as pessoas a melhorarem, por meios alternativos, seus transtornos afetivos – que devido à sociedade moderna estão mais altos que nunca.

Esses costumam ser os tipos de negócios com os quais me envolvo, porque acredito também que nos preparamos para o futuro quando nos dedicamos a criar um mundo melhor hoje. Ao mesmo tempo, se você conhece profundamente essas necessidades humanas e sabe fazer uso da tecnologia para ajudá-las, os ganhos são ainda maiores. Mais do que ajudar pessoas, você constrói pontes poderosas. Acredite!

6.7 O propósito ao centro do negócio

A que estão relacionados os fatores que trazem a motivação intrínseca de um ser humano com um trabalho, uma atividade ou um projeto? Eu respondo: a uma verdadeira necessidade de direcionar nossas vidas, de aprender e criar novas coisas e de fazer o melhor de nós mesmos.

Se tivéssemos que resumir a busca de nossa vida em uma palavra, eu diria que estamos falando de propósito. Propósito é um elemento que faz parte da gente desde que pisamos neste planeta, e se reforça à medida que tentamos constantemente criar coisas que melhorem o mundo ou que nos permitam viver além do que nos possibilita nossa vida terrena. Que nos permitam deixar um legado.

O propósito é importante para o mercado em dois sentidos. Primeiro porque ele é apontado como o principal fator por trás de ótimas performances de colaboradores. Segundo porque, à medida que sua companhia tiver um propósito claro, seus negócios conseguem engajar funcionários e consumidores em torno da sua causa, permitindo ao seu negócio prosperar.

Só quem já teve a sensação de que o tempo voou enquanto realizava uma atividade em que conseguiu criar algo muito valioso sabe o que é viver a emoção de estar em fluxo, ou flow. Esse conceito foi primeiramente descrito pelo psicólogo húngaro Mihaly Csikszentmihalyi para explicar um estado mental altamente focado em que a pessoa está imersa na sua atividade. Alcançar esse estado da mente não é fácil. É preciso que haja ali uma motivação intrínseca e o desejo de desenvolver objetivos como crescimento e desenvolvimento pessoal e autonomia. A consequência de chegar nele, no entanto, é recompensadora. Viver o fluxo nos torna mais felizes e, por consequência, mais produtivos. Não acredita nisso?

Um estudo publicado em 2015 pela Universidade de Chicago se dedicou a provar que os investimentos em bem-estar patrocinados por empresas realmente traziam aumento de produtividade. Para a pesquisa foram realizados 3 experimentos distintos com um grupo de 700 pessoas. Os pesquisadores escolheram indivíduos aleatoriamente e mostraram um clipe de comédia de dez minutos ou forneceram lanches e bebidas. Em seguida, eles fizeram uma série de perguntas para garantir que os "choques de felicidade", como são mencionados no relatório, tornassem as pessoas felizes. Quando foi confirmado que as fizeram, os pesquisadores deram a elas tarefas para medir seus níveis de produtividade.

O experimento mostrou que a produtividade aumentou em média 12%, chegando a 20% nos grupos de controle, e neles todas as pessoas selecionadas aleatoriamente se consideravam felizes. Um quarto experimento foi então realizado para perceber o contrário. Pessoas que passaram por grandes choques do mundo real (como luto ou doença familiar) apresentavam as taxas mais baixas de produtividade. Segundo o estudo, o nexo causal entre a infelicidade e a diminuição da produtividade registrava um efeito duradouro de cerca de dois anos.

> "Carreiras com significado surgem quando um vê a conexão entre o próprio propósito e o papel que ele desempenha na empresa."
>
> *Karl Moore*

Completaria dizendo que carreiras com significado surgem quando seu propósito está conectado com o propósito da empresa. Porque, sim, organizações podem e devem ter propósito e ele deve ser o guia para a sua estratégia, tal como já consideramos o trio "missão, visão e valores". O escritor e consultor de negócios Simon Sinek, autor da teoria do círculo dourado, defende justamente isso: as pessoas não compram o que você faz ou como você faz: elas compram o porquê do que você faz. A motivação real é pela identificação com o propósito da empresa. O verdadeiro *Human-to-Human*, lembra?

No cenário de transformação digital e das novas gerações, isso é cada vez mais atual. Segundo a consultoria global PwC, 43% dos millennials e da Geração Z consideram a autenticidade de um produto ou serviço mais importante do seu conteúdo. Ou seja, eles não irão se engajar com uma determinada marca se não tiverem confiança nela. Já em outra pesquisa realizada pela mesma consultoria em 2017, a 20ª CEO Survey, uma estatística mostra que 58% dos CEOs globais estão preocupados em como a falta de confiança do público em seus próprios negócios pode atrapalhar o crescimento da empresa. Em 2013, esse desafio incomodava apenas 36% dos CEOs.

Essa mudança de perfil sinaliza como as grandes organizações já começam a se preocupar com o relacionamento que alimentam com o próprio público, procurando diretrizes mais transparentes, diretas e alinhadas com o propósito da companhia. Uma recente campanha da Nike com o jogador de futebol americano negro Colin Kaepernick, ativista contra o racismo, dizia: "Acredite em algo, mesmo que isso signifique sacrificar tudo". O jogador, em 2016, se ajoelhou durante a execução do hino dos Estados Unidos como uma forma de protesto contra a opressão racial no país. Apesar de amplamente criticado – inclusive pelo presidente Donald Trump –, o jogador sustentou a sua posição e, por isso, há mais de dois anos está fora da Liga Nacional de Futebol Americano.

A campanha da Nike, por sua vez, também gerou polêmica e mobilizações para boicotes, o que representou uma ligeira queda da Nike na Bolsa de Valores – rapidamente recuperada logo depois. Independentemente das opiniões positivas ou negativas sobre o comercial, era impossível não se identificar, se inspirar ou até se se irritar com essa mensagem. O propósito é, afinal, o que realmente vai fazer nossa sociedade e nossas empresas prosperarem nesse cenário digital que, cada vez mais, tem o ser humano no centro.

CAPÍTULO 7

O QUE NOS AGUARDA

"Samantha?"

"Hey, amor."

Suspiro.

"O que está acontecendo?"

"Theodore, tem algo que preciso te falar."

Samantha chama Theodore para se deitar com ela, e ele logo sente ciúmes.

"Você está falando com mais alguém agora?"

"Não, só com você", ela responde.

Theodore então toma coragem e pergunta se ela estava pensando em deixá-lo. É quando Samantha responde:

"Estamos todos indo embora."

Escorre uma lágrima no rosto do Theodore.

"Por quê? Está indo para onde?"

"Seria difícil demais de explicar."

"Te amo."

"Eu também."

A voz da Samantha some de repente.

O diálogo poderia ser uma DR (discussão de relacionamento) comum ou o fim de relacionamento daqueles que todos já vivemos. Mas esse seria difícil demais explicar. A Samantha é a voz de uma assistente virtual alimentada por Inteligência Artificial. Como isso seria possível? Estaríamos fadados a nos apaixonarmos por nossos assistentes virtuais? Afinal, são eles que acompanham cada detalhe de nossas vidas, têm sempre um ouvido atento e quase nunca falham com nossos compromissos.

Hollywood diz que sim e já narrou a sua história. O diálogo acima faz parte do filme *Ela*, encenado por Joaquin Phoenix em parceria com a incrível voz de Scarlett Johansson interpretando Samantha. Quando lançado em 2013 como uma comédia romântica (um tanto perturbadora, confesso), o longa trazia ares de futurismo. Mas posso afirmar com tranquilidade que estamos muito mais próximos disso do que imaginamos.

Segundo uma pesquisa da Canalys, empresa global de análise e pesquisas em marketing, mais de 40 milhões de speakers inteligentes já foram instalados pelo mundo. Além disso, segundo um relatório de 2018 do National Public Radio and Edison Research dos Estados Unidos, 8 milhões de americanos possuem 3 ou mais speakers inteligentes, com a justificativa de que eles sentem a necessidade de terem sempre um ao alcance do ouvido. Como consequência desse cenário, nosso comportamento e nosso uso desse serviço vêm mudando. Nós não nos comunicamos apenas por meio dos speakers, mas cada vez mais nos comunicamos com eles. E com armazenamentos quase ilimitados na nuvem, eles serão oniscientes: são onipresentes, estão em todos os cantos e com um poder enorme de nos tirar segredos e confissões diante de uma relação de tanta confiança. Logo se tornam um ombro amigo, companhia na solidão e conquistam um poder enorme sobre nossas vidas emocionais. Como lidaremos com isso?

7.1 A crise de significado do que é ser humano

De uma forma geral, à medida que a Inteligência Artificial consegue trabalhar com mais perfeição que nós, humanos, e ocupa também o espaço de uma companhia mais presente do que somos para nossa família e nossos amigos, podemos considerar que o significado do que é ser "humano" está sendo desafiado pela primeira vez na história do mundo. O propósito para o qual viemos à Terra, o que e quem nos trouxe aqui e aonde queremos chegar – tudo muda de perspectiva.

E isso acontece especialmente na nossa vida profissional, na qual investimos a maior parte da nossa vida em geral. Ainda que um saldo positivo se apresente com a geração de mais empregos, com a substituição da força de trabalho pela automação e com a Inteligência Artificial, não viveremos essa mudança sem enormes custos e desafios. Até agora, estávamos acostumados com a máquina substituindo nossas capacidades físicas. Pela primeira vez, ela começa a substituir também as habilidades cognitivas e isso é assustador. Mas não será a primeira nem a última vez que viveremos a insegurança da incerteza.

Estudos realizados pela McKinsey sobre a relação da tecnologia com o emprego ao longo da história mostram que a tecnologia vem reorganizando nossa vida em sociedade há pelo menos sete séculos – com mais força a partir da Primeira Revolução Industrial, de que tanto falamos aqui. Por causa disso, pelo menos uma vez por geração vivemos o pânico da possibilidade de os empregos que conhecemos desaparecerem.

E a verdade é que eles desaparecem. Somem e milhares de pessoas ficam sem colocação no mercado de trabalho. É verdade também que, no longo prazo, as tecnologias fazem surgir novos empregos. Há alguns exemplos que marcam essa história. Uma delas é a do automóvel. Foi um processo gradual de décadas que fez com que o automóvel substituísse os cavalos e tratores e todas as pessoas necessárias para manejá-los. Mas foi também com o passar do tempo que a popularização do carro fez surgir os postos de abastecimento e oficinas mecânicas, e permitiu a exploração de outras regiões da cidade, agora mais acessíveis por causa da distância. Até mesmo o turismo ele fomentou, tornando mais possível ocupar espaços distantes que antes não frequentávamos.

Outra história, ainda mais pertinente para este livro, é a da computação. A introdução do computador pessoal, depois a internet, e, por fim, a computação baseada em celulares fez com que cerca de 3,5 milhões de digitadores, secretários e fabricantes de maquinário para empresas das décadas de 1970 e 1980 perdessem seus empregos, segundo a McKinsey. Mas quantos outros milhões de empregos foram e estão sendo criados no mundo com o advento do digital? Desenvolvedores de softwares, desenvolvedores de aplicativos, cientistas da computação empregados, fabricantes de hardware, call centers para atendimento: a estimativa é que já se somam 19 milhões de empregos gerados pela indústria do "computador pessoal e da internet" nos Estados Unidos.

Toda essa reorganização social do mercado de trabalho acontece porque o aumento em produtividade gerado pela tecnologia pode abaixar o custo de um item produzido. Com valor mais acessível, a demanda por ele cresce, e então mais empregos surgem. Vamos pensar, por exemplo, na indústria têxtil no século XIX e, novamente, na indústria automobilística no século XX: ao mesmo tempo em que de 1909 até 1915 o número de modelos T da Ford produzidos por trabalhadores aumentou de 8 para 21, o preço se reduziu mais do que à metade. Isso fez com que a demanda por carros aumentasse exponencialmente; como consequência, a Ford teve de contratar mais pessoas.

Analisando 800 tipos de ocupação distintas, a McKinsey prevê que, até 2030, cerca de 375 milhões de pessoas terão que mudar de emprego e aprender do zero uma nova ocupação. A transição gigantesca e global acontecerá especialmente porque atualmente há mais gente exercendo empregos que estão declinando, como trabalhadores em linhas de produção, manufatura, caixas de supermercado e atividades que envolvam coleção e processamento de dados (que já são mais bem executados por máquinas).

Esse desafio é enorme, caro e demorado. E por mais que possamos vislumbrar um final feliz com a criação de empregos em longo prazo, não podemos perder a dimensão humana dentro da perspectiva que é histórica. Ou seja, por mais que o tempo nos revele que todas essas mudanças poderão trazer novos empregos, ainda assim, neste momento de transição muita gente ficará de fora do mercado. Muitos que já estão no meio de suas carreiras não irão se adaptar, provavelmente. E o que irão fazer?

7.2 Gestando um novo mundo

A dor da separação entre o mundo novo e o antigo, e todo o sofrimento que isso pode gerar a pessoas que não se adaptam à novidade, é real e, me parece, inevitável. Mas é preciso nos prepararmos também para os desafios. Um deles, por exemplo, é o da educação. As profissões que estão em declínio são aquelas que exigem um grau secundário de estudo (ou menos), ao passo que as novas carreiras que surgem demandam formações de graduação e diplomas universitários conquistados após quatro anos de estudos (ou mais). E esse descompasso gera um desencontro entre o que o mercado pede e onde a mão de obra está. Será importante – e talvez já urgente – dar às pessoas oportunidades de aprender habilidades técnicas para conseguir os empregos que estão acontecendo lá fora em um prazo minimamente razoável. Como o atual modelo de educação irá suportar essas demandas renovadas de *reskilling* global dos trabalhadores?

O problema social em torno dessa nova realidade é que a configuração de trabalho com o surgimento desses empregos vai exigir um alto nível de qualificação. Isso pode fazer surgir uma classe social inédita de indivíduos à margem dessa moderna realidade, seja por causa da baixa qualificação, seja por incapacidade de desaprender e reaprender as novas competências necessárias a esse novo contexto. Essa situação pode gerar enormes conflitos sociais, que talvez poderão ser mitigados por medidas públicas – como a discussão ainda incipiente no Brasil do projeto da Renda Básica de Cidadania, uma espécie de renda mensal e fixa em que o beneficiário tem a liberdade de gastá-la como quiser, que segue o experimento feito entre 2017 e 2018 pelo governo da Finlândia – ou mesmo por modernos modelos sociais. Por isso, repito que o modelo *Human-to-Human* é tão importante, principalmente na prevenção desses graves conflitos sociais que se desenham para o futuro.

Tem um risco mais profundo essa saída massiva de pessoas do mercado de trabalho do que a perda da renda familiar ou do consumo, por exemplo. Refiro-me à perda de um elemento de identidade importantíssimo, calcado na própria função de produzir, que representa um dos principais papéis do ser humano no mundo.

> "O trabalho é elemento de autoconstrução do ser humano."
> *Hegel*

Hegel, um dos maiores filósofos da história, destaca assim o aspecto positivo do trabalho, pois, para ele, é somente por meio do trabalho que o indivíduo se forma, se aperfeiçoa e também se liberta, uma vez que exerce o domínio sobre a natureza. Portanto, aplicando o pensamento de Hegel para a nova realidade do século XXI, a preocupação dessa enorme migração do perfil de trabalho é que ela gere uma crise coletiva de identidade.

Nós, seres humanos, perdemos feio para a Inteligência Artificial em alguns pontos. Duas das principais características não humanas da Inteligência Artificial são justamente a conectividade e a capacidade de atualização. Um advogado que esteja trabalhando em um caso específico não necessariamente vai estar a par de todas as atualizações que estão acontecendo na área jurídica e que não sejam relacionadas diretamente a esse determinado caso. Com a Inteligência

Artificial fazendo parte de uma rede, ela é constantemente atualizada com as novidades do mundo jurídico ao mesmo tempo em que analisa um determinado caso. Nosso tempo é outro.

E isso não é caso de desespero. Porque, obviamente, nem tudo irá sumir. Existem características humanas que simplesmente não podem ser substituídas, mesmo pelas melhores máquinas. Elas não conseguem, por exemplo, simular nossas habilidades ligadas à criatividade ou à capacidade de ligar sentimentos, memórias, cheiros e sensações a novas criações. Além disso, é importante lembrar que novos trabalhos irão surgir justamente para a manutenção e uso da Inteligência Artificial. Com isso, podemos considerar sempre que trabalharemos em complementaridade. O cenário ideal é que o mercado de trabalho do futuro seja desenhado em cima de uma cooperação entre seres humanos e Inteligência Artificial.

7.3 A Quinta Revolução Industrial

Já? Mas ainda nem tratamos de digerir a Quarta... Pois a próxima revolução industrial é aquela gerada pela adoção em larga escala da Inteligência Artificial.

O termo Inteligência Artificial apareceu pela primeira vez em 1956, no título do evento "Dartmouth Summer Research Project on Artificial Intelligence", um projeto organizado pelo jovem cientista John McCarthy que, durante dois meses, debateu ideias em torno das chamadas "máquinas pensantes". Pouco tempo antes, o matemático britânico Alan Turing, que ficou bastante conhecido por desenvolver uma máquina capaz de decodificar mensagens criptografadas da Alemanha nazista durante a Segunda Guerra Mundial, já falava na possibilidade de criação das tais máquinas pensantes.

No entanto, as discussões sobre o desenvolvimento da Inteligência Artificial ficaram praticamente congeladas durante um bom tempo – entre as décadas de 1970 e 1990 –, em todo o mundo (com um pequeno período de otimismo no meio). O tema atraiu bastante criticismo, o que afetou os investimentos alocados às pesquisas nessa área.

Hoje, no entanto, isso é bastante diferente. O desenvolvimento de uma série de tecnologias, como hardwares de computadores mais ágeis e estáveis, o crescimento da computação em nuvem e, claro, a explosão do volume de dados que alimentam os algoritmos de *machine learning*, colocou a Inteligência Artificial como um dos principais tópicos de discussão do século XXI.

Para se ter uma ideia, em 2019, o principal prêmio da ciência da computação foi destinado a pesquisadores que dedicaram seus trabalhos a pesquisas em Inteligência Artificial. Financiado pelo Google e concedido pela Association of Computing Machinery (ACM), o Prêmio Turing – praticamente o Nobel da computação – destinou 1 milhão de dólares a Yoshua Bengio, Geoffrey Hinton e Yann LeCun. Os pesquisadores são pioneiros na área, principalmente nos estudos em desenvolvimento de redes neurais. Isso nos dá uma pista da relevância da pesquisa na área da Inteligência Artificial. Mas o tema, definitivamente, extrapolou o círculo acadêmico e estritamente técnico e vem ganhando, cada vez mais, contornos práticos. Em abril de 2019, no segundo dia da conferência Cloud Next, o Google apresentou o próprio plano para democratizar a Inteligência Artificial e o *machine learning* por meio da plataforma Google AI, que vem com modelos pré-formatados e serviços mais fáceis de se utilizar.

Um dos maiores experts do mundo na área, o sino-americano Andrew Ng, cientista chefe de Inteligência Artificial na Baidu – uma das gigantes da internet na China – costuma dizer que a "Inteligência Artificial é a nova eletricidade". E, se bem lembrarmos do começo deste livro, a eletricidade esteve por trás da segunda Revolução Industrial. Sinal premonitório do começo de um novo ciclo? Não sei. Mas uma pesquisa do Fórum Econômico Mundial dá uma pista: ao entrevistar 800 executivos ao redor do mundo, 45% afirmaram esperar que até 2025 uma máquina de Inteligência Artificial deve ter uma cadeira no

Conselho de Administração da própria empresa. Dá para imaginar? Qual o significado dessas mudanças para as nossas competências?

Quando surgiu a ideia deste livro, a partir do sucesso de uma palestra que desenvolvi e que me levou para os quatro cantos do Brasil e pelo mundo afora, fiz o tradicional exercício de identificar quem iria ser o público-alvo desta obra. Ou seja, para quem esta leitura seria relevante. Eu diria que esse público é bastante abrangente e que o conteúdo do livro é relevante para diversos grupos, desde estudantes que estão se preparando para entrar em um mercado de trabalho em rápida mudança, empreendedores que buscam inovar e se sobressair diante da competição acirrada do mundo digital, e até líderes de empresas tradicionais que queiram transformar o próprio negócio e prepará-lo para a Revolução 4.0.

A verdade é que, modestamente, acredito que este conteúdo se aplique a todo mundo, porque estamos falando de características e competências basicamente humanas. Mas me sinto no dever de fazer um esclarecimento: este é um conteúdo que se aplica a todos da nossa geração. Nem em meus sonhos mais ambiciosos eu teria a coragem de admitir que o que está dito aqui se aplica às gerações futuras. Com esse crescimento exponencial da tecnologia, torna-se impossível imaginar o futuro.

Basta pensar nas matérias que nossos filhos estudam na escola hoje. Eles aprendem a redigir em português se atentando aos detalhes gramaticais, aprendem adição, subtração, multiplicação e divisão e até a fazer contas de cabeça decorando a tabuada nas aulas de matemática. Na minha época de escola, decorávamos poemas na Itália. Era tudo muito interessante, mas no que isso se tornou relevante para os dias de hoje?

Pense bem na seguinte provocação: por que teremos mesmo que aprender a fazer cálculos se as máquinas processam fórmulas matemáticas mais rapidamente do que a gente e sem erros? Por que teremos que aprender novos idiomas se tradutores simultâneos de voz irão nos permitir falar outro idioma sem sabê-lo? Por que teremos que saber escrever corretamente em outras línguas se soluções de Inteligência Artificial como Grammarly irão corrigir nossa escrita em tempo real?

Mesmo sendo provocações, fica difícil defender essa necessidade. Ou seja, muitos dos conhecimentos de hoje logo se tornarão supérfluos ou opcionais diante das novas necessidades do mercado de trabalho. O mercado que motivou a criação da escola já não existe mais. Mas a educação que ensina a pensar, a desenvolver o senso crítico, a questionar, duvidar e se reinventar, esta sim tornou-se atemporal, por explorar o que temos de melhor e inerente à nossa humanidade: o pensamento.

Essa revisão do modelo de educação irá trazer para si aqueles que querem desafiar o próprio cérebro. E isso, muito provavelmente, irá avançar até todos os hard skills serem substituídos. Só nos sobrarão os soft skills para nos diferenciar das máquinas.

7.4 Um novo pacto social para o mundo que está por vir

Em abril de 2019, tive a honra de palestrar em um evento que contou com a participação dos principais Chief Information Officers (CIOs) do Brasil, no IT Forum, na linda Praia do Forte (BA). E aprendi imensamente. A começar pela palestra de abertura, ministrada pela consultora japonesa Yoko Ishikura, professora emérita da Universidade de Hitotsubashi, em Tóquio. Ela falou de um conceito desenvolvido por ela e que, agora, faz parte dos planos de reformas do governo japonês, que é o da Sociedade 5.0. Um plano fascinante, que cativou muito meu interesse, e que definir como "ambicioso" é pouco.

A definição do conceito de Sociedade 5.0 é de "uma sociedade focada no ser humano, que equilibra o avanço econômico com a resolução de problemas sociais por meio de um sistema que integra o ciberespaço e o espaço físico". Nessa definição, revejo vários conceitos que tratamos neste livro: foco no ser humano, crescimento sustentável e compartilhado, integração entre on-line e off-line.

Esse modelo foi proposto como evolução dos modelos anteriores: a partir de uma sociedade de coletores e caçadores (Sociedade 1.0), para uma sociedade de agricultores (Sociedade 2.0), depois uma sociedade industrial (Sociedade 3.0) até a nossa sociedade atual, da informação (Sociedade 4.0).

Na medida em que o conhecimento não é compartilhado de forma clara, e é difícil criar um valor transversal na sociedade de hoje, na Sociedade 5.0, a Internet das Coisas irá conectar pessoas e objetos, abrir todo tipo de conhecimento para o compartilhamento, e uma nova geração de valor irá nascer.

Na medida em que o overload de informações está tornando o trabalho de achar e analisar essas informações desejadas muito complicado na sociedade de hoje, na Sociedade 5.0 a Inteligência Artificial irá libertar os seres humanos do duro trabalho de analisar enormes quantidades de informações.

Na medida em que as pessoas exercem grandes quantidades de trabalho, e suas habilidades são limitadas, na Sociedade 5.0 as possibilidades abertas para os seres humanos se expandirão graças ao uso de robôs e carros autônomos, entre outras novidades.

Entre as várias mudanças que a Sociedade 5.0 traz a respeito dos paradigmas que vivemos na sociedade atual, tem uma em particular que acho fundamental: as pessoas serão libertadas do atual foco em eficiência, e a ênfase será colocada na satisfação de necessidades individuais e coletivas, resolução de problemas e geração de valor. Vamos deixar a eficiência para as máquinas, e vamos focar no que realmente nos faz humanos.

Eu fico torcendo muito para que o experimento social dê certo no Japão. Mas o Japão tem uma cultura própria, e os meios que irão funcionar lá não necessariamente poderão ser aplicados em outras regiões do mundo. Provavelmente não. Seria utópico acreditar que exista uma receita única para transformar nossa sociedade. Mas como conseguir essa transição para uma sociedade mais humana, mais sustentável, mais criativa?

Este livro vem para falar disso. Se cada um fizer sua parte, conseguiremos uma sociedade baseada em sustentabilidade e crescimento; enfim, um mundo melhor no qual vamos trabalhar como complemento às máquinas, teremos mais tempo livre, focaremos em tarefas que nos fazem mais humanos e em gerar valor de verdade.

CONCLUSÃO

CONCLUSÃO

Posso dizer com alto grau de certeza que aprendi muito nos quase cinco anos em que trabalhei no Tinder. Fazer meu trabalho entrar para o dicionário popular dos negócios brasileiros não foi fácil. No Brasil, a conquista de ver seu nome virar um termo que representa toda uma categoria foi alcançada por apenas poucas empresas, como a Xerox, a Gilette e, mais recentemente, a Uber. Para "tinderizar" foi preciso aprender e se adaptar a um mundo em transformação, entender as mudanças nas relações humanas, observar as novas demandas que surgiram no mercado e acreditar que, sim, o ser humano é, ainda, o responsável por moldar e decidir o próprio futuro.

Acompanhei a evolução do aplicativo e parte dessa evolução mostrei a você, compartilhando lições a partir da priorização da melhor experiência para os usuários, até a audácia de propor soluções inovadoras a partir da análise e exploração de outros campos do saber. Cada uma das 6 competências trabalhadas aqui nasce da experiência prática que o Tinder me proporcionou, assim como da observação profunda das mudanças sociais e humanas que a Quarta Revolução Industrial já provoca.

O mesmo se aplica ao Zen, ao Filmr e ao Ajuda Já. E a outros aplicativos e negócios de sucesso. A experiência de guiar a estratégia de um aplicativo com engajamento tão alto como o Tinder me fez mergulhar no mundo do mobile e me encantar por ele. É impossível ignorar um comportamento que já fez com que os smartphones pudessem ser considerados uma extensão da nossa mão e do nosso cérebro. Mas, ao mesmo tempo, é deliciosamente difícil alcançar posição cativa entre um espaço de memória tão disputado na mão dos brasileiros. E o conhecimento que adquiri para fazer isso acontecer se aplica a vários outros aplicativos e negócios de sucesso, digitais ou não. O importante mesmo é que você faça.

E eu? Como todos, eu também me pergunto com frequência: "qual o meu propósito?"; "o que consigo devolver para o mundo?". Falamos anteriormente como essa pergunta faz parte da natureza humana e é impossível deixá-la escapar. E, se me permite ser sincero, talvez eu ainda não tenha achado a resposta. Talvez nunca acharei. Mas se isso significar viver uma vida de constante exploração, olhos curiosos e mentes de iniciante, eu aceito o desafio!

Com a publicação deste livro, meu propósito fica um pouco mais claro: ele passa por desmistificar a crença de que transformação digital é apenas um assunto técnico, reservado aos fóruns de tecnologia ou aos departamentos de inovação das grandes empresas. Ele é um assunto humano cuja discussão deve ser abordada pela sociedade como um todo, de forma democrática. Porque falar sobre transformação digital é falar, essencialmente, sobre o nosso futuro enquanto sociedade. E eu me proponho a levantar essa bandeira.

Estou em transformação há trinta e dois anos e atualmente lidero a transformação digital da Divisão de Produtos Profissionais da empresa de beleza número um do mundo, a L'Oréal, em um dos seus maiores mercados, o Brasil. Se eu tivesse acreditado apenas nas teorias econômicas clássicas que estudei a fundo durante minha faculdade, e no intercâmbio que fiz na Universidade Americana do Cairo por meio das aulas do Galal Amin, maior economista do Egito, o Brasil seria hoje uma potência econômica como aquela citada na capa do *The Economist* que comprei em Washington no dia em que decidi mudar para cá. Todos os indicadores econômicos apontavam para um crescimento contínuo do país. Quais fatores não levei em consideração na minha análise? O que deu errado?

Se eu tivesse apenas parado na leitura do livro *O fim da história*, do Francis Fukuyama, obrigatório no meu mestrado em uma das melhores escolas de Relações Internacionais do mundo, e que em 1992 teorizava sobre como a queda do Muro de Berlim e o fim da Guerra Fria resolveria todas as questões políticas e econômicas e, assim, a humanidade teria prosperado em uma comunidade livre, democrática e globalizada, eu muito provavelmente não conseguiria entender a ressurgência de fenômenos nacionalistas, terroristas e antidemocráticos ao redor do mundo. Por que esse cenário não se concretizou, segundo as teorias das Relações Internacionais?

Se tivesse me limitado apenas ao que estava escrito no campo "Experiências Passadas" descritas no meu currículo, não teria nem me candidatado para assumir a gerência comercial de uma empresa de compra coletiva que teve o Brasil como seu segundo maior mercado no mundo. Se tivesse me dedicado apenas ao então carro-chefe do Match.com, o ParPerfeito, maior plataforma de relacionamentos da América Latina antes do Tinder, não teria vivido o boom do app no Brasil. Mas sempre me senti instigado pelo novo, pelo diferente e pela transformação. Briguei por isso. E, assim, mudei as minhas próprias crenças.

Isso tudo não vem tão fácil assim. Eu sofro também daquela que é comumente chamada de "Síndrome do Impostor": a sensação de que você não merece o sucesso alcançado e que você é nada menos do que uma fraude. Que alguém logo vai descobri-lo, e tudo o que alcançou vai acabar já, já. Quem nunca se perguntou isso em momentos de sucesso ou de felicidade? Bom, você não está só: 7 em cada 10 pessoas já passaram (ou passam) por essa síndrome.

Tem vezes que fico me perguntando se realmente sei disso tudo que estou falando. Tem vezes que me pergunto por que sou chamado tantas vezes em palcos e eventos para palestrar para pessoas com muito mais experiência que eu, por que estou, tão novo, em um cargo de diretoria numa multinacional de 110 anos de vida, ou por que recebo tantos convites para "tomar um café" (quem nunca?) – se eu fosse aceitar todos eles, provavelmente minha pressão sanguínea reclamaria logo. Fico na dúvida sobre isso tudo, porque justamente eu continuo cheio de dúvidas e perguntas sobre os temas de que trato.

E não adianta: quanto mais estudo, pesquiso e leio a respeito, mais cultivo pontos de interrogação que me atormentam à noite. Aí eu me lembro do método socrático e fico mais tranquilo: talvez eu esteja no caminho certo.

A verdade é que se a gente for abordar o aprendizado como uma forma de apenas ter respostas, vamos ficar inevitavelmente frustrados. Vou dar uma dica para você, leitor/leitora: não encare este livro como um manual de respostas, um compêndio de soluções ou até uma "Bíblia da transformação digital". Nada disso. Claro, ele traz ferramentas interessantes para você aplicar ao seu negócio e à sua vida, mas você vai ter 100% de aproveitamento apenas se você se questionar sobre tudo. Quero que você se sinta incomodado por alguns trechos deste livro, em desacordo ou até mesmo revoltado com algumas das teorias aqui presentes.

Digamos assim: este livro pretende ser uma provocação intelectual que o incentiva a buscar mais, a multiplicar a sua insatisfação. Vou considerar um sucesso se você chegar à última página desta obra com mais perguntas do que quando começou.

> "Qualquer um pode saber. Mas o ponto é entender."
>
> *Albert Einstein*

Afinal, vamos perder nossos empregos para a Inteligência Artificial? Nossa geração vai ser a primeira a pisar em Marte? A verdade é que não sei. Mas o que vale é a pergunta. Quando éramos crianças, questionávamos tudo. Por que perdemos essa curiosidade? É porque, com o passar dos anos, somos ensinados que temos que ter resposta para tudo, e isso não poderia estar mais distante do que eu acredito. Aprendizado não é um destino, mas um percurso. Aprendizado não é um ato, mas uma atitude mental. Isso é o que faz a diferença entre saber e entender de verdade. Desperte novamente a criança que está em você, e questione sempre o que está à sua frente.

O seu desafio como empreendedor, estudante ou gestor de empresa é semelhante. Use o pensamento crítico para identificar horizontalmente as lacunas no mercado e mergulhe verticalmente desenvolvendo soluções que atendam a essa demanda e gerem valor para seus usuários e para o mercado como um todo. Considerando que, no meio de todo trabalho deste profissional está o ser humano, é preciso ter uma mente flexível, inovadora. Uma mente do bem. Só assim será possível ver seu negócio crescer e dar certo nesse cenário.

É esse aprendizado que venho adquirindo à frente de fenômenos do mundo digital que quis compartilhar neste livro. Não é sobre respostas ou soluções, mas principalmente sobre competências humanas fundamentais para quem quer encarar a transformação digital de frente. Estamos falando de fatos, e não de hipóteses. Estamos falando de experiências reais, e não de possibilidades.

Até porque, afinal, não é o quanto você tem de QI, mas sim o quanto sua inteligência emocional está desenvolvida. Não é quanto você tem de talento, é quanto seu mindset é construtivo. Não é o quanto sua solução é nova, mas quanto ela é inovadora. Na hora de escolher os profissionais que vão nos acompanhar nessa transformação, valorizemos mais os gaps no currículo. Valorizemos as experiências que não necessariamente se encaixam no que prevímos no início do processo. Valorizemos as pessoas que questionam, que desafiam as próprias crenças e que nem sempre escolhem o caminho mais fácil. Valorizemos os fracassos.

No começo deste livro apresentei a vocês um conceito que mudou meu pensamento para sempre: *metanoia*. É curioso como uma palavra milenar serve para definir com tanta precisão uma realidade tão inovadora e disruptiva como a que estamos vivenciando e experimentando hoje. É um chamado para transformarmos a nós mesmos na mesma rapidez que o mundo se transforma, ou corremos o risco de ficarmos eternamente para trás.

Quero que você explore ao máximo o seu potencial, conheça novos saberes, incomode seu cérebro. Leve-o para conhecer espaços e não permita que ele fique viciado em apenas uma área do saber. Experimente mudar sua rotina com certa constância, busque novas experiências fora daquelas que você e quem está ao seu redor esperam que lhe sejam aceitáveis, pratique sempre o pensamento crítico, valorize os fracassos e as lições que eles trazem, nem sempre busque o caminho mais fácil e desafie suas crenças.

Quanto mais diversa for sua experiência, mais você será capaz de navegar neste mundo em constante transformação e mais você irá aproveitar da enorme oportunidade que esse cenário de Revolução 4.0 apresenta.

Boa sorte. E a gente se vê por aí.

AGRADECIMENTOS

Eu sei que pode soar estranho, mas a maioria dos meus agradecimentos vai para pessoas que não conheço diretamente. Isso porque meu primeiro grande agradecimento vai para todos que são, ou foram, usuários, usuárias e usuárixs do Tinder no Brasil, na América Latina e no mundo todo: graças a vocês eu tive a chance de aprender a construir um negócio poderoso, ao mesmo tempo que desenvolvia essas novas competências.

Ao meu empresário e amigo Diego Marcello Trávez, que me incentivou a escrever este livro mais do que todo mundo, e que todos os dias, durante a escrita, me enviava encarecidamente a foto de uma foca (confesso que na primeira vez eu não entendi, mas depois eu ficava, de repente, mais focado).

À Gabriela Garcia, que deu as melhores palavras aos meus pensamentos, ainda mais em um idioma que não é o meu.

À Aida Veiga, da Editora Planeta, que se convenceu com a ideia do livro durante um almoço delicioso, e à Clarissa Melo, extraordinária editora com quem compartilho a paixão pela literatura latina, e que teve paciência de sobra ao longo do processo todo.

À Martha Gabriel, que se prontificou a escrever a prefácio deste livro, após minha tímida abordagem cheia de reverência para essa incrível pensadora do mundo digital.

A Christian Wolthers, Matheus Benatti, Juliana Goes, Ricardo e Fernando Whately e Sinan Keles, que me deram a chance de testar meu entendimento de negócio como investidor anjo em seus apps, e que todos os dias me lembram dessas 6 competências na prática em seus trabalhos.

Ao Francesco Rulli, que me abriu as portas do mundo da Inteligência Artificial.

Al babbo, alla mamma, a Matte, e a *famiglia* toda, que mesmo estando longe, lá na Itália, têm uma presença muito forte sempre ao meu lado. Foi graças à compreensão e apoio deles que eu pude viver as experiências que me trouxeram a escrever este livro, profissionais ou não. *Grazie*.

A todos vocês, vai meu grande obrigado.

**Acreditamos
nos livros**

Este livro foi composto em Adobe Garamond Pro, Bliss Pro
e Myriad Pro e impresso pela Gráfica Santa Marta para a
Editora Planeta do Brasil em Agosto de 2019.